もう空気なんて読まない

石川優実

河出書房新社

はじめに　〜ずっと空気を読んできた〜

二〇〇〇年代の半ば頃だっただろうか。「ＫＹ」という言葉が流行した時期があった。「Ｋ＝空気」「Ｙ＝読めない」。主に空気が読めない人を指す時に使われた。

その時の私は高校を卒業したばかりで、子どもか、大人か、自分でもまだよくわからない年齢だった。

自分のことも、社会のことも、これからのことも、自分の頭を使って考えることがまったくできない人間だった。すべてがぼんやり、ふんわり、何を考えているのか自分でも把握していない、そんな時間をかなりのあいだ過ごしてきたような気がする。

しかし、ひとつだけはっきりと覚えていることがある。それは、「空気を読むことに必死だった」ということだ。

「ＫＹ」「空気を読む」という言葉が登場する以前から、私は空気を読んでいた。強く印象に残っているのは、高校の時に付き合っていた男の子とのやりとりだ。

あんまり自分が乗り気じゃない時でも、性について（主に下ネタ）の話をされ、テンションを高くリアクションすることを求められた。彼の望むような反応ができない時、「ノリが悪い」と言われた。

すごくショックだったことを覚えている。

私は、元々キャピキャピしていないし、テンションが高いほうではない。いわゆる「女の子らしい」反応をする人間ではないのだろう。しかし、自分が自分らしく反応すると、責められてしまう。どうすればいいのかわからずにとても困ったし、自分はダメな人間なんだな、と思い込んだ。


この「ノリが悪い」という言葉はその時の彼だけではなく、その後の私の人生においてずっと耳に刺さってくるようになった。飲み会で体調が悪くてお酒を飲めないでいると「ノリが悪い」。キャバクラで働いていた時に当たり前のように触られてドン引きしていると「ノリが悪い」。グラビアの仕事で失礼なことを言ってくる「ファン」に対して笑って返さないと「ノリが悪い」。地元の男友達何人かとのＬＩＮＥグループでセクハラ発言を続けられている時、彼らの思うような返事をしないと「ノリが悪い」。プロデューサーがいる飲み会の場で、翌朝から仕事なので帰ろうとすると「ノリが悪い」とみなされた。

私が私らしくいようとすると、ノリが悪いらしい。何もうまくいかないので、他人の言う通りにするようになった。男の機嫌を損ねないように空気を読まなければ、この社会で生きていくことはできないのだと悟ったからだ。

飲み会には必ず行って、セクハラされたらむしろ楽しいふりをして、ファンには何を言われても笑顔で対応、権力のある人にセックスをするように求められたら当然応え、嫌なふりなんて少しもしない。下ネタには積極的に乗って、「ノリのいい女」と認識させる。いつでもどこでも謙虚なふり。学歴もなくて脱いでいる私なんて、身分をわきまえて生きていないといけない。本気でそう思っていた。

結婚して子どもができないと、人として一人前になれない。そんな社会の空気もきちんと読んで、いつでも結婚と子どもを持つことを夢見てきた。それが女としての幸せだと信じていた。

そんな感じで過ごしてきた二〇代。たまに楽しいこともあり、たまに嫌なこともあり、たまに彼氏ができたり一緒に住んだり。なんとか「生きていく」ということはできていた。しかし、なんだろう。こうやって空気を読んで生きてきた私は、自分自身をどこかに失ってしまったような気がする。空気は読めるのに、自分が何を考えているのかがまったくわからない。私は何が好きで、何が嫌いで、何に喜びを感じて、何に悲しみを感じて、何に怒って、何を楽しいと思って、何がしたくて、何がしたくないのか。そういったものが、まったくわからなくなってしまったのだ。

　空気を読むことに必死になっていたら、自分自身が空気のような存在になってしまった。ぼんやり、ふんわり、どこにいるのかもよくわからない。当時の自分のことを、今の私はそう思う。

　こうしているうちに、私は自分に起こった性暴力にも気がつかずに生きてきてしまった。自分が嫌だと思っていることに、自分の心を殺すようなことに、自分が気がつくことができなかったのだ。

　空気を読むことを最優先して生きてきた結果、自分のなかにある小さな違和感もたくさん無視してしまった。「おかしいのではないか？」と思っても、黙っていた。気がつかないふりをしてしまった。

　その頃の私は、自分のことが大っ嫌いだった。自分のすること、言うこと、ふるまい、表情。すべてが嫌いだった。嫌いだったというか、「ダメ」だと思っていた。何をしても、私はダメだと思っていた。自分で選択したものは、ことごとく悪いと言われてきたからだ。そんな心持ちで過ごす毎日は、やっぱりうまくいくわけがない。自分のやることに自信を持てない状態で仕事に取り組んでも、そりゃあうまくいかないものだ。

　そんな毎日に嫌気が差し、私は強く願った。「30歳になるまでに私として生きる」ということを。

当時は、自分ではない他の誰かで生きているような感覚だった。「今の私は本当の私ではない」。それはわかっているのだけど、一体なぜこんなことになっているのかはまったくわからなかった。

30歳までにこの願いを叶えるために、初めて自分は何が好きなのか、どんな時に幸せを感じるのか、何が嫌いなのか、などを細かくノートに書いた。このノートは誰にも見られないから、空気を読む必要はない。

それでも怖かった。空気を読むことが当たり前になりすぎて、誰にも見られていなくても自分の気持ちを何よりも優先して表現することがとても怖く感じた。

それでも勇気を出して書いてみた。「そんなの無理に決まってるよ」とか、「そんなこと言ったらバカにされるよ」とか、自分が自分に話しかけてくる。それでも何とか書いてみた。そしてノートを見返して、「ああ、私はこんなことを思っていたんだな」と知った。

初めて自分の気持ちが可視化された。

自分で自分の気持ちを認識した。それはとても新鮮なことだった。自分という存在が、少しずつくっきりしてきた。

空気を読むよりも、自分の気持ちを少しでも優先する。それは私にとって難しく勇気がいることだったが、心地の良いものだったから、少しずつ続けた。白黒だった世界に、色が付いた感覚だった。その結果、私はフェミニズムに出会う。そして、空気は読まなくていいんだと確信した。社会も確実に、「空気を読む」という言葉を好んで使うことが少なくなってきている。

もし、あなたがこれまで空気を読んで生きてきたのなら、そして、その状態にモヤモヤしているのなら、一度、「空気を読まない」ということを試してみてほしい。やってみて嫌だったら、また読み始めればいいのだ。いつだって、前の自分に戻ることはできる。

私はもう、以前の自分には戻らないだろう。空気を読まないことが、こんなに自分に幸せを感じさせてくれるということに気づいたからだ。二〇代の頃に願った、「私として生きる」ということを叶えてくれたからだ。

モヤモヤしながらも空気を読みつつ生きていくのか、本当の自分で生きていくのか。その選択は、あなたにしかできない。ぜひ、少し勇気を出してみてほしい。きっとその先には、たくさんの仲間や幸せが待っている。

もう空気なんて読まない　目次

はじめに　～ずっと空気を読んできた～　1

第一章

恋愛とセックスとフェミニズム
フェミニストだって恋します！

本当に「彼氏」が欲しいのだろうか？　16
恋とフェミニズムについて　20
して当然と思っていた結婚について考えてみた　24
いいセックスには性的同意が必要不可欠　30
男友達や元カレとずっとは仲良くできない……　34
「モテ」って一体なんなんだ！　37
歳をとる恐怖から逃げてしまえ　41
「自衛」なんてしたくない　46
嫌われたって人権あるよ！　50
選ばれる恋愛からの脱却を目指して　54

第二章

他者と社会とフェミニズム

世の中に溢れる理不尽に中指を立てろ

自分のなかにもある偏見と向き合い続けよう　62
私が喧嘩を好きな理由　66
自分の意見に従わせようとする男たち　69
フェミニストになって男が好きになった話　73
「すべての人は同じ権利を持っている」という思想　76
目の前の人の言うことを信じ受け入れること　83
心の奥底のモヤモヤを放置しないことの大切さ　87
あれもこれもシスターフッド！　93
自分の経験と共に語られるフェミニズム　97
B'zの歌詞に見るブラザーフッド　100
「女社会」に住んでみたい！　105
女性専用車両が女尊男卑だと？　109

第三章

今を生きるためのフェミニズム
声をあげるべき時代が来た時に考えること

「結婚」についてもう一度考えてみた 116
専業主婦を「楽」と思うことの正体 120
自分の顔が大嫌いだった 124
自分の「嫌」を大切に扱う 129
後悔と満足の絶妙なバランスで生きて死にたい！ 134
問題がないのに非を認められるか！ 137
「あなたのためを思って」が私のためだったことがない 142
自分を責めることをやめたら幸せになった 146
フェミニズム視点から依存症を考えてみた 149
『人形の家』には家父長制が横たわる 154
正義感が強くて何が悪い 158
怒るのってかっこいい！ 163
遠くの国で起こる女性差別に影響されること 167

第四章
「私」にまつわるフェミニズム
フェミニズムが自分事になるまで

フラットシューズで働ける男たち 172
私も普通に重い荷物持ちますけど？ 177
社会に生きるすべての人がアクティビスト 181
私は思う存分闘いたい！ 186
田嶋陽子『愛という名の支配』にあるもの 190
自分の痛みを麻痺させていた私たち 196
男性社会に都合のよい幻想からは脱出しよう！ 199
「髪切った？」でセクハラになるわけあるかい！ 203
親と仲良くしなきゃいけない、なんて決まりはない 207
「個人的なことは政治的なこと」を実感するTwitter 211

おわりに ～もう空気なんて読まない～ 215

もう空気なんて読まない

第一章

恋愛とセックスとフェミニズム

フェミニストだって恋します！

本当に「彼氏」が欲しいのだろうか？

私には現在、セックスをする人が二人いる。一人は半同棲している男性、一人は少し前に付き合っていた男性。でも、どちらとも付き合っているというわけではない。将来結婚をしようという話をしているわけでもない。

私は、恋愛至上主義的な人間だ。記憶にある限り、恋愛をしていない時なんてあったのかな？　と思うくらい、常に誰かしらに恋をしている。一番古い記憶は幼稚園の年中さんの時のけいすけくん。現在のパートナーまで、約30年のあいだには、数えたら全部で25人くらい好きな人がいた。

しかし、世の中には「恋愛しない人」もいるらしい。もっというと、「恋愛はしてもセックスをしたいと思わない人」とか、「複数人と恋愛をする人」とか、「好きになる人は同性の人」や、「同性でも異性でも性別関係なく好きになる人」などがいるそうだ。

私は、生まれてきてから多くの時間を「人というのは年頃になったら異性に恋愛をして、結婚して、子どもを産んで、いずれ孫ができて、それが普通の、当たり前の人生なんだ」

と思い込んで生きてきた。当然相手は一人。そう信じて生きてきた。

でも、その「当たり前の人生」って、一体誰がどう決めたものなのだろう。

思い返したらそういうものって、かなり「世間一般のイメージ」みたいなもので作られてきた気がする。

みんなで少しずつそういうことにして、それをメディアも当然のように扱っている。みんなの会話の前提は異性を好きになること、「付き合いたい」「結婚したい」と思っていること。プロポーズは男性側からすること。

先ほどあげた恋愛の様々な形を、もっと細かく見ていってみよう。

たとえば、「好きな人が他の異性と仲良くしてたらヤキモチを焼くはずだ」とか、「本当に愛していたら結婚したいと思うはずだ」とか、「本当に愛している女性だったら男性がご飯代を出すはずだ」とか、「本当に付き合いたい人とは付き合う前にセックスはしない」みたいなやつとか。これもかなりの確率で、ドラマやアニメ、メディアの発信によって作り上げられてきた気がする。

でも、よく考えてみれば、私たち人間はみんな一人一人違う心や感性を持っているわけだから、どんな瞬間にどう感じてどう動くかなんて、まったくわからないはずだ。

冒頭で書いた私の今の状態は、以前の私だったらとてもじゃないけど許せなかったと思う。付き合っているわけでもなく、結婚の約束もしていない。いわゆる「セフレ」状態なわけだから、「大切にされていない」と感じ、早々に関係を断っていただろう。

でも、そもそもこの「セックスフレンド」という言葉も不思議に思う。この言葉を使う時、多くの人が「セックスだけする人」という意味合いで使う。「フレンド」という言葉を無視しちゃうのだ。セックスもする仲の良いフレンド、といった存在としてあんまり認められていないような気がする。

でも、今私が関係を持っている二人の男性とは、セックスだけの関係ではない。半同棲の彼とはセックスはそんなにしないし。「付き合う」という形はとっていないけど、一緒にいると落ち着くし思うことをなんでも話せる親友のような存在だ。きっと相手も同じように感じてくれていると思う。もう一人の人も、セフレといってもかなりお互いに深い話もするし、大切にし合っている。

この「付き合う」というのも、とっても曖昧なものだ。もし、私が生まれた時代に「付き合う」という概念もなく、「好きになるのに性別は関係ないよね」ということが当たり前な社会だったとしたら、果たして私はこれまでに好きになった人を好きになるのか、彼氏を作らないとダメだと思うのか……。恋愛というものをしたのか？

過去に「付き合うという形は取りたくない」という相手とはすぐに関係を終わらせた。当時の私には受け入れられなかった。当然のように女性は最初から私のなかの恋愛相手の選択肢から省いていた。

それらが元々の私の価値観なのか、社会がそういうものだったからなのか、今となってはもうわからない。そういえば私は、女の人のことを思い出して「あの人、素敵な人だったなぁ」とか、「あの人可愛かったなぁ」と思うことが多々あった。特別性的な欲求が湧くかと言われたらそうではないのだけど、もしもっと前からいろんな恋愛の形があるということを知っていたら、たとえばセックスはしないけど女性と結婚して一緒に暮らす、なんていう選択肢も私のなかで生まれていたかもしれない。そうしたら、かなり人生の選択肢が広がっていたな、と思う。

でも、こういう価値観を知った今は、私は今の関係を持っているパートナーに対して、余計な思いを持たなくてすんでいる。私自身も「付き合う」という形をとることを特に望んでいないし、相手もそうだ。それでも仲良くすることはできる。「この人と仲良くしたいか・したくないか」だけで考えることができる。変なしがらみがない状態は、自分の純粋な思いを浮き彫りにしてくれる。

こんなふうに自分の過去の恋愛について考えていたら、数年前に女の子のことを好きになったことを思い出した。でも、私は異性愛だけが恋愛だと思っていたので「こんな気持ちを持つのは変だよな」ということで見ないふりをした。。女の子のことを好きになったことはまったくなかったかのようにその後も過ごしてきたし、それくらいの気持ちなので好きになったとまで言えないのかもしれないけれど、もしかしたらそれも恋愛感情に含まれるかもしれない。

もし私が次に生まれ変わったら、生まれた時からいろんな恋愛の形が認められる社会であってほしい。そんな世界で生きてみたい。「当たり前」に染まらずに育った本当の私が、一体何を選択するのか、私自身が知りたいと思うからだ。

恋とフェミニズムについて

私はかなりの恋愛体質だ。好きな人がいない時期、というのが昔から基本的にない。そして、付き合った相手を自分から振ったこともほとんどない。中学生の頃にちょっと付き合ってすぐに何かが違うと思って二、三日後に「やっぱごめんなさい」となったことはあるけれど、きちんと付き合い始めて自分から振ったことは一度しかない。

問題なのは、何があっても自分から別れることができない、ということだ。たとえば同じ職場で働く女の子と浮気されても、あるいは勝手に生でやっておいていざ子どもができて「産むな」と言われても。そんな時でも、私は私から別れを告げることができなかった。

つまり私は、恋愛もしくは男性にとても依存している。恋愛以外に楽しいことってないんじゃないかと思っている私がいるし、このままパートナーと別れたら自分には二度とこんなに気が合ういい人なんて現れないんじゃないか、とも思っている。

実はこの原稿を書いている今現在もそうだ。半分くらい同棲状態のパートナーがいるけど、喧嘩ばかり。落ち着く相手ではあるけど、喧嘩がしんどくて疲れてしまうからきっぱり縁を切りたいと思ったりするのだけど、どこかで「別れたらこれからの生活はどうなるんだろう」「彼がいない状態で私は一人で生きていけるのか」と不安になる。数年前まで普通に一人で誰とも付き合わずに過ごしていた期間だってあって、何事もなく暮らしていたにもかかわらず。

なんでこう考えるようになってしまったのだろう？　「女性は結婚しないと生きていけない」と思っていた部分が大きかったのだろう。フェミニズムに出会う前の私は（というか今でも若干その名残はあるのだが）、とても老後を一人で生きていける気がしなかった。まず、体力がない。電車に乗って二駅以上家から離れると疲れてしまうへなちょこだ。そして、きちんと就職したこともないので、できる仕事といったらほとんどが接客業。パチンコ屋さんだったり飲食店だったり、ガソリンスタンドだったりキャバクラだったり、という仕事をしてきたけれど、立ちっぱなしの接客業で40歳や50歳を越えても働き続けられる気がまったくしないし、キャバクラなんてもう雇ってもらえないだろう。お酒を飲まなければいけないのもきつすぎる（そんななかで #KuToo のきっかけになったパンプスを履く葬儀の仕事は歳をとってもやれる仕事で、いつかまた携わってみたいと思うけれど）。

そう考えると、やっぱり自分より体力のある人と付き合って一緒に暮らしていないと、私は野垂れ死ぬのかなという不安があったのかもしれない。

今は、「男がいないと女は生きていけない」というのは幻想だとわかったし、お金だって本当に困ったら生活保護だってある。なるべく長く働けるために体力をつけようと思って運動も始めた。

しかし、理屈ではわかっていても長年信じていたものをまっさらにするのは難しい。パートナーと別れたって私は生きていける。絶対にそうなんだけど、不安が襲ってくる。そして離れてみてもまた戻ってしまう。これが依存というものなのだろう。モヤモヤモヤ。

こんな映画を観た。Netflixの『失恋からの立ち直り方』という作品だ。ペルーの映画で、思った以上にフェミニズム要素が満載だった。ただ、あるあるなのだが日本語タイトルがなんだか安直というか、軽くしてしまっているような気がする。原題を直訳すると「シングル切望」だった。うーん、けっこう印象変わらない？　まぁ今回はそれはいいとして……。

この映画は、女の子が長年付き合ったパートナーから振られるシーンから始まる。彼への依存から解放されるため、女友達がめちゃくちゃ協力してくれる。頑張ったのに一時の気の迷いで戻ってしまいそうになったりするのだけど、彼と付き合っていた期間は一度も挑戦できなかった本当の夢であるコラムを書くことに夢中になる。それも女友達の後押しがあってだ。ところどころに女同士の連帯を感じることができる。

私も今も何かと理由をつけて「あ、でもあそこには彼がいないと行けないしな」とか思ってしまいそうになる。どこかにおいしいご飯屋さんや素敵なホテルを見つけた時、「彼に一緒に行ってもらうのがいいよな」と一番に頭をよぎる。だけど、彼がいないとできないことなんて彼と会うこと以外、私には一つもないはずだ。

『失恋からの立ち直り方』では最後のシーンで「女性は自分自身の王子様にだってなれる。自分を大事にする姫は自分を救えるから」と主人公が悟る。自分を励まし続けてあげること。一人でも生きていけると何回だって教えてあげること。この映画のように女性が一人で生きていくことを決意する映画を見てモチベーションを保ちつつ、まずは彼と行こうと思って行けずにいた場所に一人で行ってみることから始めてみようと思う。少しずつでいいから、前に進んでいこう。不安で彼に戻ってしまう時よりも、これから先の未来を一人で生きていこうと思った時のほうが自分自身、幸せを感じているのが事実なのだ。自分を救うために、幸せに感じることを優先してあげようと思う。

して当然と思っていた結婚について考えてみた

岐阜県の多治見市というところで育った。田舎ということもあると思うけど、同級生のほとんどがすでに結婚して子どももいて、家を建てている。私の考える「普通で理想的な大人」だ。今、34歳。結婚していないし、子どももいない。幼い頃はまったく想像していなかった未来を過ごしている。

20歳で東京に出てきて、長く付き合った人がいた。でも、あんまり結婚する気にはなれなかった。そういう話にならなかったわけではないし、私の両親ともちょこちょこ会い、長い期間にわたって同棲して「いずれ結婚するのかしら？」とは思っていたけど、結局結婚する前に、私のほうが先に気持ちが離れてしまった。23歳くらいから28歳くらいまで同棲した彼だった。

付き合っている時も別れたあとも、私のなかでは「結婚するのが大人」という呪いはかなり根強くて、結婚もしていない子どもも産んでいない自分は未完成な人間なんだと思い込んでいた。結婚がゴール。ゴールにたどり着いていない私の人生は、道半ば。いつもそんな感覚を持っていた。

その彼と別れた28歳頃から、私は久しぶりに一人暮らしを再開した。そしたらなんだろう、この解放感。誰かを待たなくてもいい、誰かの予定を気にして生活しなくてもいい、自分だけのことを考えて毎日を過ごせるこの自由さ。あれ、私ってもしかして、一人になりたいと思ってたのか?

しかし、そのくらいの年齢になってから「私は結婚したいと思っているに決まっている」前提で話をしてくる人が増えた。「結婚していない女」ではなくて、「結婚できない女」と扱われる。うーん……。モヤモヤ。女性差別に抗議する活動をするようになってからはそれが露骨になっていった。「結婚できなかった女がこじらせてフェミになる」、みたいな。

でも、結婚制度って人が作ったものだし、結婚をして子どもを産むことが「普通」みたいなのも、どこかで作られた「普通」なわけだ。そういうことを考えていると私が今まで抱いてきた「結婚したい」は、私が本当にしたいのか、結婚してないと社会的信用みたいなものが得られないからしたいのか、よくわからなくなった。女性として生きていると、体力のことを考えると定年まで働けるような社会でもなさそうだし、今から正社員で働くのも無理そうだし、そういう怖さから結婚したいと思っていた、というのもあったような気がする。

私は今、結婚していなくても幸せに毎日を過ごしている。

もちろん、結婚という幸せは知らないけど、この歳まで結婚していない幸せを結婚している人も知らないわけだ。こういうことと言うと「意地はっちゃって」と言う人も出てくるけど、それこそが「人は結婚したいと思うのが普通だしそれこそが幸せだ」っていう価値観の押し付けだ。

なんでもかんでも「普通」に当てはめて、そこから外れた人は「無理してるに決まってる」みたいに評価するの、変だよなあと思う。

田嶋陽子さんは結婚制度のことをずっと「ドレイ制度だ」と言っている。私もそうだと思う。いまだに「入籍」という言葉が残っていて、家にもらわれた感覚でいるため、妻が夫の言うことを聞くべきだと思っている人がいる（正確には二人で新しい籍を作るのであって、どちらかがどちらかの籍に入るシステムではない）。それにほぼ自動的に夫の苗字になることによって、「妻は夫のものになった」と勘違いする人が出てきてしまう。どちらの苗字にするか決めることができるとはいえ、96％が夫の苗字になる。そのなかできちんと話し合って決めた夫婦はどれくらいいるだろう？　多くの夫婦が「普通男の人の苗字にするよね」という前提で過ぎていくのではないか。こういった間違った価値観が根底にあると、妻が働くことに許可を出すとか出さないとか言える権利があると思ってしまったり、養っている人にすべての決定権があると思ってしまったり、本当はただお互いの考え方が違うだけなのに「言うことを聞かないから」という理由で殴ってもいいと勘違いしてしまったり、夫がセックスを求めたら妻は嫌でも応じるべきだと思ってしまう人が出てくる。それらをＤＶというわけだけど。

もちろん結婚制度を利用している人すべてがそうだと言っているわけではない。でも、夫をその家の「主人」だと思っている人はいるし、夫は飲み会に自由に行くのに自分は夫の許可をもらわなければいけないことに疑問を抱かない妻がいることも事実だ。稼いでもらっているから従わなければいけないと思っている人もいる。養ってもらっていることによって自分の意思を尊重してもらえないなら、それは「結婚」ではなくてまさしく「ドレイ契約」だろうと私は思う。結婚する時そんな契約しましたか？　そんなわけあるかい！

このように、強制的に苗字を変えなければいけない人がいること、好きになる人の性別によっては婚姻できないことなど差別的なことがたくさんあると知ったからには、積極的にこの制度を使おうとは思えなくなってしまった。

「離婚したらみっともない」みたいなのもめっちゃ嫌いだ。「両親揃ってないと子どもが可哀想」と子どもの代弁をする人がいるけど、夫婦が揃っていても両親のあいだでＤＶが行われていたら子どもは幸せだろうか。そんな状況のほうが片親よりも悪影響な時だってある（面前ＤＶといって、児童虐待のひとつでもある）。

片親だといじめられるという現実があるけれど、だったらいじめるほうを叱りなさいよと思う。

とまぁそんな感じで、結婚制度にはいろいろと思うことあり（かといって結婚している人を否定するものではまったくありません）、一度立ち止まって考え直している。

女性がもっと社会進出したり、女性も働きやすい社会の形がこれから作られて男性のように自立できるようになった時、結婚したい女性は減るんじゃないかなぁと思う。

子どもを産んで子育てをしながらでも、女性もキャリアを失わないような社会づくりがとても大切だと思う。もちろん、夫が育児を「手伝う」ではなくて「二人でする」という意識に変わることも。そのうえで、夫に養われていることが幸せなのか、自分も仕事をして何も人質に取られていない状態で対等に過ごすのか、結婚をせずに生きていくのか。そういう選択が自由にできるような社会になるだろうか。

しばらくは、自由に自分のための時間を過ごそうと思っている。「結婚しなきゃ」じゃなくて「結婚したいな」と思った時に、タイミングが合えば、そうすることだってあるかもしれない。

いいセックスには性的同意が必要不可欠

高校時代を思い返す。他校の男の子とメールをしていて、二人で遊ぶことになった。家に行ったのだけど、確か同意なくキスをされそのままセックスまで持ち込まれそうになってしまった。その時はびっくりして泣いてしまい、その場で相手もやめた。自分のなかで「申し訳ないな」という罪悪感が残った。今考えれば、なんで私が申し訳ないと思わなければいけなかったんだろう。

私がそう思ったのは、当時の周りの環境などが深く関係していたと思う。その話を同じ高校の女友達に話したら、「でも家行ったんだよね?」というふうに暗に責められた。みんな同意がどうこうなんて考えはほとんどなくて、「家に行ったらそうなっても仕方ない」と、教科書通りの被害者責めを頭にインストールしていたのだ。きっとそれはメディアや社会が作り上げたものを、そのまま受け取っていたのだと思う。自分自身もそういう考えがあったから、勝手にキスしてきた相手を責めることができずに自分を責めることになったのだ。

「性的同意」という言葉を私が知ったのは二〇一八年のこと。#MeTooとして芸能界で起こったことを記事に書き告白し、フェミニズムに出会ってからだ。

ＮＰＯ法人ピルコンのホームページには「性的同意とは、すべての性的な行為に対して、お互いがその行為を積極的にしたいと望んでいるかを確認するということです」とある(https://pilcon.org/help-line/consent)。

そして、泥酔状態の人や寝ている人は同意を示すことはできない、とされている。

性的同意に関して考えた時に、めちゃくちゃめんどくさいなと思うのが「一回関係を持った人はいつでもＯＫと思われる問題」だ。

一回お互いの同意のうえで関係を持った男性がいた。関係を持ったのはその一回だけで、そのあとは友達として接していた。ある日、翌日にみんなで遠出をするので、千葉に住んでいる彼が私の家に前泊する日があった。別に泊まるぶんには全然いいのだが、その人ともう身体の関係を持つつもりはなかったので「そういうことしようとするのはやめてね」と伝えた。

しかし、「嫌だったら断ってくれていいから」という返事がきた。ものすごく気持ち悪いと思った。嫌だからあらかじめ断っているのに。わざわざ前もって言っているにもかかわらず、なんで挑戦しようとするのか。その挑戦されるのが嫌だ、という話なのに。断ることの労力を全然考えていないんだな、と思って泊めること自体も断った。次の日朝早く、遠く千葉から東京に来なければいけなくなった彼にざまぁみろと思った。

一回セックスをしたところで、その後もずっといつでもセックスがOKなわけはないのだ。それは婚姻関係にある夫婦間だって同じだ。同意のないセックスは性暴力・性的DVとされる。結婚して毎日一緒に暮らしているからといって、寝ているあいだに勝手に行為に及ぶようなことをしてはいけないのだ。

性的同意の話をすると、必ず「いちいち同意を取らなければいけないなんてめんどくさい」とか、「雰囲気が出ない」とか言い出す人がいる。

きちんとお互いに関係性ができていれば、もちろん毎回いちいち同意を取る必要はないかもしれない。でも、そうであった場合も「私たちは毎回の確認は必要ないよね」という確認は必要だと思う。そして、きちんといつでもどのタイミングでも断ることができるようにするべきだ。誘う側は特に、相手を無理やり従わせるようなことにならないように上下関係なども考慮して、嫌だったら断れる空気を作ることが大切だ。

やってみるとわかるが、いちいち同意を取ってするセックスには逆に雰囲気がある。お互いにきちんと安心して「相手が嫌がっていない」ことを確認してするセックスはなんとも心地いいし、同意を取る時だってきちんと言葉にする、という行為自体ドキドキして私は楽しいと思う。同意を取ることができていると、セックスがよくなるための意思表示だってしやすい関係が作られる。断られたら悲しいけど、相手に嫌な思いをさせながらセックスするより全然ましだ。

会社の上司や仕事を与える側が与えられる側に対して働きかける時は、もっと慎重にならなければいけない。「断ったらもう仕事がもらえなくなるかもしれない」とか、たとえば夫婦で「断ったら生活費を入れてもらえなくなるかもしれない」と思わせてさせる同意は、同意とは言えない。それは脅迫だ。

私も過去を振り返った時、もしかしたらこれまでにきちんと相手の同意を取れていなかったことがあったかもしれない。思い返すと、多くの人に経験があることなのではないか。でも、もう性的同意という概念を知ったんだから、これからは気をつけよう。もし「あの時本当はしたくなかった」と言われたらきちんと謝罪しよう。許してもらえなくても反省し続けよう。そう思っている。

過去は変えられないけれど、きっとこれからの自分も社会も変えていくことができる。

男友達や元カレとずっとは仲良くできない……

仲のいい友達が何人かいる。

高校を出たばかりの頃、五人のグループでよく遊んでいた。

一人は中学からの親友の女の子。自動車教習所で再会した小学校の時に同じクラスだった男の子、高校が同じだったけど卒業してから仲良くなった男の子。その二人の男の子と中学が一緒だった男の子、そして私。女子二人、男子三人のグループだった。

免許を取ったばかりで、高校を卒業していろいろと自由になっていたりして、その時期は一緒に遊びまくっていた。

私はそのなかの一人の男の子と三年くらい付き合ってもいたのだけど、女の子の一人はずっと付き合っていた彼氏と結婚し、別の男の子には彼女ができて、そのうち結婚することになると、やっぱりそのまま仲良く、というわけにはいかなくなっていた。

男友達に彼女ができたりすると、こっちも遠慮してしまうものだ。向こうの彼女さんもいい気はしないだろうし……。以前は二人でもよく遊んでいたのだけど、彼女ができてからはそれもしなくなった。結婚式では、二次会から参加した。式は男友達だけ。「そういうものだ」って言われたけど、やっぱりちょっと寂しかった。でもこの「寂しい」という気持ち、私が女で相手が男だということで「嫉妬」と取られてしまうのだろう。そうではない。ただ、すごくモヤモヤするのだ。これが同性だったら、お互いにパートナーができたとか結婚したとかで関係性を変える必要はないだろう。実際、そのグループの男友達同士はずっと仲良しだし、私と女の子の友達もずっと変わらず仲良しだ。

このメンバーでお酒を飲んでいる時に元カレ・元カノの話になったことがある。みんな、もし元カレや元カノが困っていても、自分がその時に結婚したりしていたら助けに行くことはしないそうだ。それを聞いて、すごく寂しく感じたことを覚えている。

これまでの人生で付き合った男性と、別れたあと友達になることもある。完全に縁を切った人もいるけど、今もたまに飲んだりする人もいる。だって、付き合うくらい気が合った相手なのだ。友達としてだって仲良くなることはある。ただし、相手が結婚していないことが条件だ。

なぜかというと、元カレの結婚相手のことを考えてしまうためだ。でもやっぱり気の合う友人でもあるのに、異性だからという理由で以前と同じように仲良くできないのは、とても悲しい。

一方、この五人グループのなかで私と同様に結婚していない子が一人いる。小学校からの同級生の男の子だ。実家も近いし、小学校時代はうちに遊びに来たこともある。好きな人ができた時とか、よく相談にものるのだけれど、今は彼女はいなさそうだ。地元に帰ると、彼とは必ずと言っていいほど飲みに行く。

元日から二人で焼き肉を食べに行ったこともある。ちなみに一月一日は私の誕生日だ。大人になってから、家に泊まらせてもらったことだって何度もある。身体の関係は一切ない。よく、泊まったというだけで「そういう関係」だと決めつけられることがある。

そういう人が、「男の人の家に行ったらセックスすることになっても仕方ない」などと言うのだろうか。でも、そんなことは何もない。まともな男性は、「家に来る＝必ずセックスする」なんて謎の方程式を作ったりしないのだ。

けれども彼が結婚したら、きっと私と二人でご飯を食べに行ったり部屋に泊まらせてもらったりすることはなくなるだろう。私だって、パートナーが女友達と二人で飲みに行っていたらブチギレてしまう。

本当はもっとフラットに相手の交友関係を見守りたいのに。

私はフェミニズム的に「私にその価値観を押し付けないでください」と言い続けている。決して「あなたもこの価値観に合わせなさい」ということではない。ヒールだって化粧だって毛の処理だって、女性に一方的に性的にまなざす風潮だって、ずっと勝手にそんな女性像を押し付けられてきたから「やめろー！　私にそれを押し付けるな！」と言っているだけで、「あなた方もみんなヒールを履くな！」なんて一言も言っていない。

それと同じように、「結婚したって私と何事もなく遊びなさい」なんて言えない。誰かが私に「結婚したら他の異性と二人で遊ぶのはやめなさい」と押し付けてきた時、それを拒否することはするけれど。

でも価値観はもっと多様だ。「異性だから恋愛感情を抱く」のでもなく、「同性だから恋愛感情を抱かない」というわけでもない。もっともっと性別を超えて、人間関係も今よりもフラットになっていったら嬉しいなと思う。一度仲良くなった人と、「異性だから」という理由でもう会えなくなってしまうのは寂しいことだと思うから。

「モテ」って一体なんなんだ！

フェミニズムの活動をするようになってから、「モテない女の僻み」みたいなことばかりを言われる。

はっきり言うが、私はモテる。男性に媚びを売り、空気を読んで生きていかないといけないと思っていた10代、20代の頃より今のほうが圧倒的に恋愛はうまくいくし、変な男も寄ってこなくなった。

でも今はそんなことが論点ではない。なぜ私がモテたいと思っている前提で話が進んでいるのか、ということだ。どうやらこの世の中の人は、「女は男に好かれたいはずだ」と思い込んでいる人が一定数存在しているようだ。確かに好きな男性には相応に好かれたい。しかし、どうでもいい人から寄ってこられてもむしろ迷惑だ。

街中でのナンパや一人でのんびり飲んでいる時に話しかけられることがすごく嫌い。女友達だけで楽しんでいるのに割り込んでこようとする男性グループも。せっかくの貴重な時間を奪うなよと、げんなりする。

そもそも、「モテ」の定義って何だろう？　そこからすでにズレていることが多い気がするのだ。先述したように、私にとっての「モテ」とは、「好きになった人から好きになってもらうこと」であって、不特定多数の人から好かれることではない。しかし、私に対して「モテないだろう」とバカにしてくる人は、どれだけ多くの人からモテるか、みたいな話をしているような気がする。しかも、彼らはモテを「性的な存在として見られるか」

ということだと認識しているようだ。

私は、不特定多数の人から性的な存在として見られることに喜びを感じる人間ではない。グラビアの仕事も好きだったからではなく、「やらないといけない」と思っていたから仕事としてやっていただけだ。

自分が好きな洋服を着たり化粧をしていると、「そんなんじゃモテないよ」なんて言ってくるあれも同じだ。「私モテたいって言いましたっけ？」と不思議な気持ちになる。

一方、こういった言葉が男性に投げかけられることは稀だ。男性に対して「モテないから僻んでる」と言ってバカにする人を見たことがない。男性に対して相談もされてないのに「そんな服装や髪形じゃモテないよ」とアドバイスする人も同じく見たことがない。

つまり、実際にその人が異性からモテたいと思っているかとか思っていないかなんてほとんど関係がなくて、「女は不特定多数の男性からモテたいと思っているのが好ましい」という押し付けなのだと思う。ほぼ願望みたいなものだろう。不特定多数の男性からモテたいなら、男性の思い通りの女性、いわゆる「女性らしい女性」でいなければいけなくなるからだ。ああ、こんな形でも女性への抑圧は存在しているのか。そういうことにしておいたほうがセクハラだってしやすいだろう。だからセクハラされて怒っていると「嬉しかったんじゃないの？」とか言い出す変な人が出現するのか！

しかもこんなことばっかり言われ続けると、まるでこっちまでモテたいと思っているかのように刷り込まれそうで怖い。冒頭で私がわざわざ「私はモテる」と書いたのもそうかもしれない。モテるほうがいい、と思わされてしまっているから多分私も書いたのだ。うわあー気持ち悪い！　自分がちょっと恥ずかしい。

恥ずかしながらこのまま続けるが、マジでフェミニストになってからモテるようになった。これは私の思う「モテ」の定義だけれど。まず、フェミニストを名乗っているのでセクハラや性差別をするような人は寄ってこなくなった。これだけで人生超快適なのだ。そして、好きになった人の前でも変に自分を偽ることがなくなったので、とてもいい関係性を築くことができ、恋が叶うことも多くなった。もちろん女性差別なんてしない人を好きになるので、基本的にモラハラとも無縁だ。女性軽視の傾向がある人にはすぐに気づく。気づいたことで、すぐに拒絶できるようになった。私としてはどこかの恋愛指南本にあるようなモテテクよりも、絶対こっちをおすすめしたい。

もしも、「私はモテないから」と悩んでいる女性がいたら、「モテというのは自分にとって一体どういうものなのか」からじっくり考えてみてほしい。自分にとってのモテというもの。そして、自分が本当にモテたいのか、その確認をしてほしい。案外必要ないものかもしれないし、なんならすでにあなたはモテているかもしれない。誰かの押し付けてきたモテに惑わされる必要はない。自分がどうしたいのかは自分で決めよう。私たちにはその権利があるのだから。

歳をとる恐怖から逃げてしまえ

生まれてきた以上、みんな同じように歳をとっていく。なんて当たり前のことを、今私がわざわざ書いているのは、多くの人が自分が老人になるなんて思ってもいないんじゃないか？　と感じることが多いからだ。

幼い頃の私には、おばあちゃんやおじいちゃんをバカにしていたところがある。なんでだろうと思い返すと、「歳をとっているから」という、それだけの理由だった。

今考えたらとても恥ずべきことなのだが、歳をとることは醜いことで、歳をとった人はバカにされても仕方がないと思っていたのだ。

その時の私は、まさか自分がこのまま生きていったらおばあちゃんやおじいちゃんのようになるなんて、本当に理解していなかったのだろう。

女性が自分より歳をとった女性をバカにする描写はよく出てくる。特に、自由に恋愛をしている女性に対して「ババアがいい歳して」といった具合に。

『逃げるは恥だが役に立つ』。二〇一六年に大きな話題となり、二〇二一年にスペシャル番組でも放送されたドラマだ。これは立派なフェミニズムドラマだと思う。連続ドラマの放送当時、私はフェミニズムというものを知らなかった。しかし、大好きなドラマだった。そのなかで、ガッキー（新垣結衣さん）演じる主人公、みくりさんの伯母である百合ちゃん（石田ゆり子さんが演じている）と、百合ちゃんのことを好きな男性を好きな若い女性とのちょっとしたバチバチシーンがある。バチバチシーンと言っても、若い女性が一方的に、だ。

「50にもなって若い男に色目使うなんて虚しくなりませんか？」

「アンチエイジングにお金を出す女はいるけど、老いにすすんで金を出す女はいない」

「お姉さんの半分の歳なので」

という若い女性。それに対しての百合ちゃんの言葉が最高なのだ。

「あなたはずいぶんと自分の若さに価値を見出しているのね。私が虚しさを感じることがあるとすれば、あなたと同じように感じている女性がこの国にはたくさんいるということ。今あなたが価値がないと切り捨てたものは、この先あなたが向かっていく未来でもあるのよ。自分がバカにしていたものに自分がなる。それって、辛いんじゃないかな。私たちのまわりにはね、たくさんの呪いがあるの。あなたが感じているのもそのひとつ。自分に呪いをかけないで。そんな恐ろしい呪いからはさっさと逃げてしまいなさい」

『逃げ恥』のなかでも、もっとも私の心に残っている名言だ。

歳をとっていくことにも、ジェンダーのギャップを感じる。女性に対して、「若くいるべきだ」というメッセージが社会には溢れている。アンチエイジング化粧品も、シワやシミをとるような施術も、男性向けにはほとんどない。下手をすると「男性は歳をとってからがいい」とか、「男性のシワは渋くていい」みたいな扱いすらされる。

テレビを見ていても若い男性が年配の男性より重宝されるような構図はあまりないが、ハズキルーペのCM、中居正広さんの「金スマ」の後ろにいる百人の女性たち、最近は減ってきたが、ニュース番組などを見ていてもおじさんくらいの年齢のアナウンサー＋若い女性アシスタント、ヒップホップのMVのように、ある程度年齢のいった男性の周りに若い女性を配置する光景はよく目にする。

BBAという言葉はあっても、JJIというのを私は聞いたことがない。JJIだって、BBAと同じくらいの人口で、この世に存在しているはずなのに。

そして、「若くあれ」というメッセージを送るくせに、他方で歳をとって自分の好きな恰好をし、思う存分恋愛やセックスを楽しんでいる女性を「痛いもの」扱いする。一体どうすればいいというのだろう。

なぜ私たちは、女性が歳老いていくのを悪いことだと認識するのだろう。なぜシワや弛みを、みっともなくてだらしのないものと判断するのだろう。本能？　まさか。だったら男性にだって同じことを感じるはずだ。これは社会からの刷り込みなのではないか？　あまりにも女性が歳をとることを悪・ネガティブなものと扱い続けてきた結果なのではないか？

しかし、百合ちゃんの言う通り、これはすべての女性が生きていく以上必ず向かっていく未来なのだ。必ず迎える未来を、なぜ自ら辛いものにしなければいけないのだろう？じゃあどうするか。女性がみんなで歳をとることをポジティブなものだと意味づければいいのだ。しかし、これは「みんなで」というところが大切だ。私が一人でやったところで「歳をとったやつの悪あがき」と言われるだけだろう。みんなで作り上げてきたネガティブなものは、みんなでやらないとひっくり返らないのだ。

これは今34歳の私だけに訪れるわけではない。今0歳の赤ちゃんも、ぴちぴちの18歳の女性も、みんな絶対に必ずやってくる未来の話なのだ。誰もが確実に当事者なのだ。みんながずっと幸せに、未来に希望を感じて生きていくためには、みんなで協力すればいいのではないか？

若くたって歳をとったって、その時その時にそれぞれの価値がある。そんな価値観が当たり前になればいい。

私は、昔の自分もよかったけど今の34歳の自分も大好きだ。なのに葛藤もある。もちろんシワも増えてきて、顔も弛んできている。体力だってどんどん落ちていく。だけど、それを自分が「これだっていいね」と思うだけで、これから先の未来を怖がらずに生きていくことができる。今現在はまだその闘いのなかにある。自分の顔を見るたびに絶望してしまう。そんな私から、私は変わりたい。自分が生きていくこれからの残りの人生を、強迫観念でいっぱいにするなんて自分が可哀想だ。

歳をとることを怖がりながら生きていくのか、ワクワクしながら今を生きていくのか。百合ちゃんが教えてくれたこの呪いから、みんなで一緒に逃げてしまおうじゃないか。それは決して恥じることなどない、私たちの素敵な覚悟の証明だ。

「自衛」なんてしたくない

グラビアの仕事をしていた時のことだ。その頃はフリーランスとして活動していた。ある男性から「動画に出演してもらいたい。打ち合わせがてらご飯に行きましょう」と連絡が入った。

まったく知らない人だったが、仕事の詳細を聞くために会いに行った。

しかし、ご飯を食べている最中も仕事の詳細は全然話してもらえず、挙げ句に映画に付き合わされて、途中で手をつながれ（すぐに振り払ったが）、結局最後まで仕事の詳細は聞かされず、依頼もなかった。

今になって思う。「男と仕事するのってめんどくせぇ」ということ。

当時は「話していて仕事を振りたくないと思われたのだろう」と自分を責めていたのだけど、今だったら相手が権力を利用してただ単に女とデートしたかったのだろうということがわかる。本当に腹の立つ出来事だった。が、フリーランスで仕事をしている女性にとってはけっこうあるあるなのではないか、と思う。

こういうことを言うと、「行くほうが悪い」とか、「でもご飯代出してもらったんでしょ？」などと責められるところまでがセットであるあるなのではないか。

これが同性同士だった場合、「行くほうが悪い」なんて言われるだろうか？　仕事の依頼が来たら、やる気のある人ほど時間を作って話を聞きに行くのではないか？　クライアントがご飯代を出すなんて、互いに仕事だったら普通のことのはず。それなのに、なぜこちらが責められるのだろう。

フェミニストになって、今のように女性差別をなくすための活動をするようになってからは、仕事の依頼をくれる女性が増えた。そこで私は初めて知った。「同性と仕事をするのはなんて楽なんだ！」と。これまで、男性からの被害に遭いすぎた。なので、仕事であろうと男性と密室で二人になることは避けてきた。もしも何かあった時に責められるのはこちらなので、自衛しているのだ。だけど、女性とならば二人きりになっても力で負けるようなことはそうそうないし、ほとんどの人が自分のことを性的な対象として見ていない安心感がある。

これは仕事だけではなくて、たとえばWi-Fiやガスの関係で自宅に男性の作業員さんを入れる時も同じだ。仕事で来ているので当然おかしなことはしないとわかっていても、やっぱり怖いのでパートナーにいてもらったりしている。この人が何も悪くないのはわかっているが、女性は自衛せざるを得ないのだ。女性を指名したいと思うくらいである。

最近も、ある大学生の男性が大学で映像制作を学んでいて、学校の課題で私のドキュメンタリーを撮りたいと連絡があった。それで、私が自宅で仕事をしている風景を撮りたいという依頼があった。最初はOKしたのだが、よくよく考えると直接会ったことのない男性を一人暮らしの家に入れるのが不安になった。ということで、事情を話して最初はカフェで打ち合わせをして、少し信頼関係を作ってから自宅の作業の様子を撮ってもらうことにした。だが、相手も「配慮が足りなかった、申し訳なかったです」と、すぐに理解し謝ってくれた。だが、これが女性だったら普通に家に来てもらっている。この男性はまったく悪くないのだが、これまでいろんなところで何かしらの被害に遭った人に対して「男を家に入れるほうが悪い」という言葉を散々聞いてきたので、やっぱり難しいのだ。

こういう本来警戒しなくてもいい人まで警戒してしまうのは、結果仕事にも影響する。今回だって、最初から家に入れて撮影したほうが効率的だ。結局女性に嫌なことをしたり、性暴力をする人がいたり、被害にあった人を責める人がいるせいで、女性にだけではなくこういったまともな男性にも迷惑をかけているのだ。なので、もし女性からこういう警戒をされた人は、責めるのは女性ではなくておかしなことをする男性や被害者を責める文化にしてほしい。私だって疑いたくて疑ったり、自衛したくてしているわけではないのだ。

ちょっと話の方向性が変わるのだけど、仕事の相手と恋愛関係になってしまった時。私の場合は異性愛者なので、仕事相手が男性だと、その人が恋愛対象になることもある。これまで付き合ってきた人はほとんど仕事や活動とは関係のない人ばかりで、実はパートナーと仕事をすることが憧れだった。意思疎通の図れている人と仕事をするのは、成果を出しやすいんじゃないかなーと想像していたのだ。

かつて実際に一度恋愛相手とがっつり仕事をするようなことがあったのだけど、端的に言って最悪だった。喧嘩したら仕事がすべて滞るのだ。喧嘩するたびに「もうあなたとの仕事全部終わらせます！」みたいなやりとりを繰り返して、疲れてしまった。もう仕事とプライベートは完全に分けよう、と胸に誓った。ただし、良い面と悪い面はある。仕事や人権の話をするのは楽しく建設的でもあるけれど、それがずっと続くと逆にちょっとしんどい時期だってある。うーん、難しいところだ。

私は仕事を頑張りたいから、性別関係なく安全に関われるのが理想だ。現状、仕事を振る側には今も男性が多い。そういう状況も変えて、性暴力や権力を利用したハラスメントと、被害者を責めるようなことをなくしていくのが大切だ。

嫌われたって人権あるよ！

「あなたはみんなから嫌われている」「見限りました」「仲間がどんどん離れていっている」。たびたび、こんなことを言われる。フェミニストのアンチを名乗る人たちからの言葉なのだが、いつも疑問に思うことがある。

「いや、私だってお前のこと嫌いだけど？」と。私が一方的に嫌われているという主張はおかしいだろう。お互いに嫌い合っている〝逆両想い〟が成立しているのに。こっちだってお前と仲良くなんてしたくないよ。

そもそも、ここで言う「みんな」とは誰のことを指しているのだろうか？　全国の人たちにアンケートでも取ったのだろうか？　せいぜい自分の周囲だけだろう。また、私のことを好きな人も確実にいるわけなので、みんなが私を嫌いというよりも「あなたのことを好きな人も嫌いな人もいますよ」が正しい。本当に誰一人残らず私のことが嫌いならば、それはそれでかなりすごいことだとも思うのだ。

似たようなことは、フェミニズムに出会う前からあった。

「そんなんじゃ男に好かれないよ」というもの。それは服装だったり話し方だったりお化粧だったり態度だったりに向けた言葉だった。ひどい時はセックスの対象として云々という話もあった。でも、その時も同じように思っていた。

「いやいや、こっちだって選ぶ権利あるぞ」と。なんで私が男の人に好かれたい前提で話してくるのだ？　と。

なぜかいつも、自動的に選ばれる側にされてしまう。全然やりたくもないやつから「お前じゃぬけねー」と暴言を吐かれることもある。え？　私だってあなたでオナニーできませんけど？

「私が選んでいる」がないことにされてしまう。なぜか私を「一方的に評価していいもの」とされてしまっている。飲み屋で初めて会った男性に容姿のことをジャッジされるのは日常的にあったが、こっちも丁寧に頭のてっぺんからつま先までジャッジしてやればよかった、と今は思う。逆に私から評価されることなんてまったく考えなさそうだ。私に主体性がないと思われているのだろう。そして、私の意思よりも自分の意思のほうが優先されると思っているのだろう。現実にはその人の評価も私の評価もどちらも同じく平等に存在するものなのに。つまり、私には人間としての意思がないものだと、無意識に思われている。まるで人形扱いだ。

他の例でいうと、#KuTooの運動。私はこの運動に賛同者を求めていない。それは、無理に運動に賛同するのではなくて、自分もこれを問題だと思うのならば賛同してくれ、というスタンスだからだ。よく、「そういう態度だと賛同できません」と言われ、「賛同してほしいなら態度を改めるべきだ」と続く。しかし、それなら別に賛同しなくていいのだ。無理に賛同をお願いしているものではない。だけれど、向こうが一方的に「この署名に賛同してやるか、やらないか」をジャッジしようとしている。私はわざわざ賛同者を増やすような、人に媚びるような態度をとらないと自分で選んでいるのだ。それは数ある選択肢のなかから敢えて選んでいることなのだ。私からしても、賛同者を選んでいる。そんなふうに言ってくる人からの署名はお断りなのだ。一方的に選んでもらう立場ではない。なのに、「もっとうまくやればいいのに」と言われる。私にとってのうまくやることは、「人に合わせて賛同してもらうこと」ではないのに。

何かをする時、目的は人によって違う。勝手に「目的はこれでしょ」と決めつけてしまうと、自分のなかで勝手に相手の状態を判断してしまうことになる。冷静に考え抜かれた選択肢であっても、感情的で自分を止められなくなっているということにされてしまったりする……。

しかし、私が求めているのは「どれだけクソで嫌われていようとみんな同じように人権があり差別や嫌がらせをされない社会」なので、むしろ嫌われたまま社会を変えていくことがこの活動の目的なのだ。誰かに合わせて好かれなければ得られない平等なんて逆にいらない。そんな、ゆらゆら揺れる基準の曖昧な「好き」「嫌い」で人権が揺らいでしまうなんて恐ろしすぎる。

もし、他人に対して「それだと好かれないよ」とか、「あなたはおかしい」とか、聞かれてもいないのに評価を下すようなことを言ってしまうことがあったら、まずそう思ってしまう自分と向き合ってほしい。無意識に相手の目的を決めつけていないか、そして、自分は相手を一方的にジャッジできる立場にあると思っていないか、と自分の心に聞いてほしい。

フェミニストは、昔も今もずっと「モテないヒステリー集団」だと言われている。男性の思う「女らしい」から外れ、その人たちの思いもつかないことをするといつもそうやって言われるのだ。それは決して事実ではないことは、ちょっと考えてみれば明らかだろう。

これだって一部の人からフェミニストへの一方的なジャッジなわけだ。フェミニスト側からしたら、そうやって言う人こそ思慮の足りない人たちかもしれない。

私たちは常に他人を客体化してしまう癖があるのかもしれない。それは本当に当たり前のようにありすぎて、無意識にそこらじゅうに溢れてしまっている。芸能人なんてその象徴かもしれない。人前に出る人にならば何を言ってもいいと思っている人が多すぎる。そしてそれをごく身近な人にもしてしまう。

でも、どんな仕事をしていようと、その人がどんな立場であろうと人にはみんな平等に人権があるはずだ。自分が評価するならば自分も評価されるんだ、という認識を持たなければいけないと思う。「あの人嫌われてるよね」と笑ってバカにしたあの人から、あなたも嫌われているかもしれない。私の嫌いもあなたも嫌いも、あの人の嫌いも、全部同じ価値があるのだ。

選ばれる恋愛からの脱却を目指して

恋愛における教えで、私が信じてきたもの。それは10代後半から20代後半までいろんなところで目や耳にしてきた「女は男の人を手のひらで転がしてあげるんだよ」というものだった。

「男の人は子どもだから、機嫌を損ねないようにこっちが配慮していつでもいい気分にさせてあげて、〝感情的〟にならず諭すように教えてあげて、プライドを傷つけないように知ってることも知らないふりして聞いてあげて、大袈裟にすごーいとか、さすが！　とか言ってあげるのが大人の女なんだよ」

私はこれを信じていた。

女性と男性は、脳の作りが違うんだと本気で信じていた。だって、見渡せばそんな本ばっかりだし。

「女性性」だとか「男性性」だとか、そんな恋愛指南本ばっかり。しかし、現在では女性脳男性脳というのは科学的に否定されているらしい。しかし、女性誌の特集もそんなのばっかりだった。何よりも、「選ばれる女になる」という、かなり受け身の教えが私の周りには溢れていた。

私は選ぶんじゃない、選んでもらう側なんだ。男性に選ばれるような女にならなければ、そう信じていた。

本だけじゃない、周りの人にもかなりこうやって言われた。「女の幸せは愛されることなんだよ〜」とかね。「愛すること」をおすすめしてきた人はいなかった。

私は素直で従順な女の子だったから、それを忠実に守ろうとした。自分がどうしたいよりも、人が言ったことをすべて聞かなければならないと思っていた。

だけど、その教えをきちんと守れば守るほど、全然恋愛がうまくいかなかった。

喧嘩になった時はなるべく怒らず冷静になって、相手を責めるような言い方にならないように「お願い」っていう態度で……とか、ちょっとの浮気みたいなことは許すとか、プライドを傷つけないように自分の仕事がうまくいっている話はあんまりしないようにするとか、何かしてくれたらとにかく大袈裟に喜ぶとか、教え通りの言動を心がけていた。

けれども、なかなかうまくいかなかった。

全然大事にされないし、私も本当に自分が言いたいことを我慢して、相手を立てて機嫌をとっていたから、常にモヤモヤしている感じだった。

そりゃそうだ。だって、本来の私は言いたいことをきちんと言いたいし、仕事の話もガッツリしたい。

本当の自分で接していなかったので、とにかく苦しい日々だった。でも仕方ない、それもこれも、全部「選ばれる」ため。

でも、自分は相手のことをどう思っているんだろう？　自分から選ぶことはしないの？　ずっと苦しい恋愛をし続けているうちに、そんな疑問を持つようになった。いつも自分ばかりが選ばれる側で、受け身の立場。自分だって、相手に対して思うこともあるのに、それを私自身が無視して、私だけが相手に合わせる。相手を立てようと無理して頑張っているのに、なんで相手は私に合わせてくれることがないんだ。一体なんだろう？　この非対称な感じ。

このモヤモヤを解消するべく、私は少しずつ「自分も選んでみる」ということをし始めた。正確にいうと、「私だって選ぶ側なんだ」ということを意識し始めた感じだ。

たとえば意見が食い違った時や喧嘩をした時に、一方的に相手のご機嫌を取ることはやめてみた。だって、私が怒らせたわけではない。「お互いが」一つの事例について意見が合わなかったのだ。それを私もしっかりと自覚して関わっていく。そうなると、私の言動はかなり変わっていった。これまでは「選ばれ続けるため」、つまり嫌われないために動いていたのだけれど、私側も選ぶんだと思ったら、私が嫌うこともあり得るな、と思うようになった。

だから私は、自分の言いたいことをきちんと言うようになったし、無駄に相手を立てたりしなくなったし、怒る時はきちんと怒るようになった。

そうすると不思議と、相手との関係がよくなっていった。相手が私の話をきちんと聞くようになったし、何か合わないことがあった時はお互いがすり合わせるようになったのだ。多分だけど、私が自ら「選ばれる側」にへりくだることによって、相手にも「自分がこいつを選んでいる側なんだ」と思わせてしまっていた部分はあったのだと思う。私がきちんと自分の意思を主張するようになったことで、「あ、この人は自分と対等だったんだ」と気がついたのではないか、と思う（いや、本当はそれくらい最初から知ってろよ、と言いたいところではあるが）。それくらい、その時の相手はわかりやすく変わった。

確かにこの社会で生きていると、「自分が女性を選ぶ側だ」と思ってしまう男性は多いかもしれない。最初に書いたように、女性には「愛されるために」「選ばれるために」「いいお嫁さんになるために」というメッセージが溢れている。男性にはキャバクラなどで日常から女性を一方的に選ぶことができる場所があるのに対して、女性同士は仕事の付き合いでホストに行く、ということはそうそうない。プロポーズは男性からが一般的だと刷り込まれ、女性からしようとするとがっついてるとか必死とか言われることもある。結婚を「女性が男性にもらわれる」と思っている人は、男女関係なくいまだに多いだろう。これは選択的夫婦別姓制度がいまだに法律上認められず、結婚をする時はほとんどの女性が男性の姓に変わることも影響しているだろう。コンビニ雑誌コーナーに行くと女性のために水着になっている男性タレントはいないけど、男性のために水着になっている女性タレントはたくさんいる。うん、これはそう勘違いしても仕方がないのかもしれない。

でも、本来付き合ったり結婚をしたり、というのはお互いが選びあってするものなのだ。どちらかがどちらかの所有物になるわけではないのだから、何かあればお互いが妥協して関係を築いていくものだと思う。女性も主体的に相手を選ぶ、ということをし始めた時、勝手に女性を一方的に選ぶ側だと思っていた男たちは相手にされなくなるのではないか。そして、女性は自由に恋愛をする楽しさを知るのではないか。私だって選ぶ側だ、と思ってから、私は人と恋愛をすることは対等にするものだということを実感している。好きな人の前でそのままの自分でいられるこの解放感、幸せ、充実感。ぜひみんなにも知ってほしい！

第二章

他者と社会とフェミニズム

世の中に溢れる理不尽に中指を立てろ

自分のなかにもある偏見と向き合い続けよう

34年間生きてきて、様々な人との出会いや別れがあった。かといって、人との交流をすべて事細かに覚えているわけではない。

それでも、はっきりと覚えていることもある。「許せない」と思ったその時のことは、今でも脳裏にはっきりとよみがえる。

飲み屋で隣になったおじさんに、お気に入りのお店に連れて行くよと言われたあとに「でもゆみさん連れてってもみんな驚かないけどね、いつもキレイな子連れてくんで」と言われた時、痴漢の話になった時に「でもその女性も女性専用車両に行かなかったんでしょう」と言ったどこかのおじいさん、ワールドカップの時期、混み合った渋谷の交差点で痴漢が多発しているニュースに「行くほうも悪いですよね?」と言った若い女性、#MeTooでグラビア時代にあった性被害の話をしたあとに「でもあの子もそういう仕事してたから」と裏で言っていたある市の議員、子どもができた時に「夢があるんじゃないのか」と怒鳴ってきたアルバイト先の男の上司、ネットの掲示板で見かけた「ブスなんだから早く脱げ」という言葉……。

今になってこうやって私が許せなかった人をたくさん並べると、それはほとんどと言ってよいほど女性差別に関することになる。

どれもうまく言い返せなかった。その頃の私はまだ自分でフェミニズムを語る言葉を持っていなかった。女性差別に対抗する言葉を持っていなかった。

「悔しい」という言葉では言い足りないのだ。そんな生っちょろい、何かこっちが負けたかのような感情ではない。なんて言えばいいんだろう。やっぱり「絶対許したくない」だと思う。

これらの人たちと、私は縁を切った。だって嫌いなんだもん。仲良くし続ける必要がない。

特に性暴力の被害に対してセカンドレイプ発言をする人とは二度と話したくない。セカンドレイプとは、性暴力にあった被害者に対して落ち度があったかのように責めること。

グラビアの仕事で、許可していない露出のものが勝手に発売されてしまったことがある。それを告白したのだが、「グラビアの仕事をしていたんだから仕方がないのでは？」と言われることが非常に多い。グラビアの仕事をしていたん「だから」の意味がまったくわからない。

グラビアの仕事をするということは「私に性暴力を犯してもいいよ」ということではも

ちろんない。こういったことは、何もグラビアの世界だけではない。痴漢にあったり、レイプにあったりセクハラにあったりすると「そういう恰好をしてたからでは？」「あなたが家に行ったからでは？」「なんで逃げなかったの？」「夜に歩いてるからでは？」などという言葉をぶつけられる。

望まない性的な行為は性暴力だという認識がないからなのか、暴力だとわかっていながらなお性に関することだけ、いや、女が被害者の時だけ？　なぜこうなってしまうのかはわからない。

万引き被害に遭ったお店に「どうせ欲しくなるように配置してたんでしょ？」なんて責めるわけがないのに。そりゃ欲しくなるように商品並べるよ！

私は軽々しくこのような発言をする人を許せない。こういった二次加害は、被害者の心をさらにえぐり、傷つける。私は実際の被害にあったその時よりも、こうやって二次加害をされた時のほうがパニックの症状を発症するようになった。

そのうえ、こうやって被害者の側に原因を探し続けている限り問題は解決しないのだ。それどころか、新たに「女側に問題があるよね」という意識を植え付け、女性に性的な暴力を振るっても大丈夫、という空気を作ってしまう。最悪なことだらけなのだ。

女性差別さえなかったら、私の「許せないこと」なんてほぼ存在しないような気がする。女は怒りっぽいとかヒステリーとか、フェミニストはいつも何かに怒ってるとか言うが、こんなことが男性にもあったら男性だってブチギレているのでは？　と思う。立ち仕事で八時間ヒール履かされて黙っておとなしくしていられるのか？　電車で知らない人に突然殴られるのが日常になってもいいのか？　と聞いてみたい（痴漢は暴力だ）。

しかし、こんなことを言ってきた人のなかでも、たまに自分でひどいことを言ってしまったと気がついて謝ってくる人もいる。そういう人は、許してくれと求めているわけではないけれど、許している。私が深く傷ついた、ということをきちんと受け止めて、自分のなかでどういう偏見があって、どれだけひどいことを言ってしまったのか、自分と向き合ってくれたからだ。

ただ、「だから許せ」と強要もしないように注意が必要だ。許すかどうかは相手が決めることで、傷つけてしまった側は反省して謝ることしかできない。

私も含めて、すべての人には無意識の偏見がある。性暴力の被害者に原因があるように責めてしまうのも、その一つだろう。私も誰かのことを知らないうちに深く傷つけてしまったことがあるだろう。だけど、その都度考え直していかなければいけない。アップデートは常に行うべきだ。

私が喧嘩を好きな理由

私は喧嘩が好きだ。と言っても、中学生のヤンキーもどきの男子がよくいう「俺は学年で一番強い」っていう感じの喧嘩の話ではない。

暴力は全然好きではないし、肉体を使った戦いも趣味ではない。言葉で喧嘩するのが好きなのだ。

パートナーと、喧嘩することがかなり多い。付き合っていくなかで「これはちょっとおかしいのではないか」とか、「これどうしても気になるな」みたいなことは言っている。お互いの意見を言いたいだけ言い合い、時に大きな声になったり時に泣きながら訴えたり、そんなにヒートアップしてる最中なのに途中途中ふざけたことを言うとか（これは私の趣味）、なんだかすごくアドレナリンが出る気がする。昔付き合ってたパートナーに「喧嘩しようよ！」と言ってドン引きされたこともある。

自分の言いたいことを我慢せずに言えると本当に心がすっきりするし、言いたいことを言いたいだけ言い終わったあとはだいたいもっと仲良くなる。

その時に相手を不必要に傷つけない、そういう理性は大切だけれど、ぶつかる時は思いっきりぶつかっていいと思う。

でも、少し前に付き合っていた人は喧嘩が嫌いだった。言い合うことを極端に避けたがる人だった。嫌いというならしょうがないので、私も言いたいことを我慢した。けどやっぱりモヤモヤしたまま一緒に過ごすことになるし、我慢しただけ爆発してしまい、変な形での言い争いになってしまって、結局うまくいかなかった。

個人間の喧嘩ではなく、社会活動的な場面でも「分断を煽るな」みたいに言われることがある。ただ思っていることを率直に言っているだけなのに。そして、言わなければ何も変わっていかないからわざわざ言っているのに。

もちろん、喧嘩をせずに心から何の不満もなく仲良く過ごしていけるのなら別にそれでいい。でも、それがどちらかが、あるいは両方が我慢をしているから喧嘩をしていない状態、であるならば、とても不健康なことだと思う。仲が悪くなりたくないから喧嘩をしないのに、喧嘩をしないことによってモヤモヤが溜まって仲が悪くなってしまったり相手を嫌いになってしまったら本末転倒だと思うのだ。

とはいえ、やっぱり私たちは喧嘩に慣れていない。もっとフランクに喧嘩できればいいのに、といつも思う。これまで「喧嘩なんてしないの！」と言われて育ってきた。喧嘩を推奨されたことなんて一回もない。少し言い争いになると変な空気になって、気まずくなって、問題の解決よりもその場を丸く収めることに気持ちが向かう人が多い。

だから、いきなり喧嘩をするのも難しいだろう。そんな人におすすめしたい。ぜひ一回、芝居で喧嘩をしてみてほしい。

演技の手法でエチュードというものがある。即興劇という意味だ。関係性などの設定だけ決めて、セリフはその場で自分で考えていく。

私はどうしても人と言い合いをしたい時、パートナーにお願いしてこれをやる。やってもらうとわかると思うのだけど、けっこう熱が入るし心も動くのだ。真実ではないから不思議な気分ではあるのだけど、思っていることを相手にきちんと伝えて受け取ってもらって、というコミュニケーションを疑似体験することは、実生活にも影響してくると思う。これをやったあとに、ぜひ少しずつでもいいからお互いの合わないところをきちんと伝えあって受け取り合う、というコミュニケーションに挑戦してほしい。

そう、喧嘩もコミュニケーションなのだ。コミュニケーションのなかでもかなり高度なものだと思う。相手の人格は傷つけず、でもその中で自分の言いたいことは最大限伝える。とても大変な作業だ。でも、すごくやりがいがある。当たり障りのない交流では得られない感覚。そこに私はたまらない喜びみたいなものを感じているのかもしれない。

人間なのだから、合わないことがあって当たり前。それをどうすり合わせていくか、そのためにはやっぱりまずはぶつかったほうがいい。ぶつかって、ぶつかられて、お互いが最大限お互いのために考える。それは、本当に仲良くしていくためには絶対に必要なことだと思う。そのために、喧嘩というツールを使うのも悪くない。ぜひ一度、体験してみてほしい。

自分の意見に従わせようとする男たち

「ミソジニストども　#石川優実さんへの誹謗中傷をやめろ」

二〇二一年五月一四日、フェミニスト出版社のエトセトラブックスが、右記のようなツイートをした。

#KuToo 運動を始めた時から、私の元には毎日のように「真っ当な批判」を装った誹謗中傷が寄せられた。それはデマであったり、私の発言を曲解したものであったり、勝手な思い込みによる批判であったり、過去に許可していないグラビアを発売された性被害があったと告白したことで、当時の画像をリプでわざわざ送りつけられる、というものだ。

そんななか、このようなハッシュタグを作って対抗してくれる人たちが現れた。そして、エトセトラブックスもこのハッシュタグを使って抗議や連帯の意思を示してくれた。とても嬉しかったのだが、そんなエトセトラブックスのツイートには多くの反響があった。

「企業がそんな差別的な言葉を使ってもいいんですか?」と……。

さて、「ミソジニー」とはいったいどういう意味の言葉なのだろうか? 早速インターネットで調べてみる。すると、「女性嫌悪」や「女嫌い」という言葉がヒットする。ということは、ミソジニストとは女性や女性らしさを嫌悪する人、女嫌い、という意味だろうか。

フェミニストに対して誹謗中傷する人を「ミソジニスト」と言い、そいつらに誹謗中傷をやめろ、と言うことの何がどう差別に当たるのかはよくわからない。「差別とかいうやつが差別しているんだ」的なことが言いたいのだろうか。しかし、これは特定の誰かを指して言われた言葉ではない。

ミソジニストに対してミソジニストども、と言ったわけなので、ミソジニストでない人には関係のない話だと思うのだが、なぜだか大量の「自分はミソジニストではない」とでも言いたげな人たちが怒っていたのだ。まったくもって意味不明だった。それって自分がミソジニストだって言っているようなものなのでは、というツッコミツイートも大量にされたこともきちんと知っておいていただきたい。

女性差別に反対するフェミニスト出版社のエトセトラブックスがミソジニストに抗議するのは当然のことであり、企業としてとても正しいことをしたと私は思っている。

ただ、私は少し前までこの「ミソジニー」「ミソジニスト」という言葉をどう解釈していいのか、少し迷っていた部分もあった。うまく言語化できなかったのだ。

「女性嫌悪・女嫌い」と言っても、女の子がめっちゃ好きなミソジニストはたくさんいる。ナンパして無視すると「ブース」と捨てゼリフを吐いて去っていくやつなんてその典型だろう（ブスに声かけてんじゃねーよと思う）。

女性をセックスする相手としか考えていない男もいるけど、それってどちらかといえば女好きとされている。女嫌いとはちょっと違うよな、と思う。

しかし、『ひれふせ、女たち　ミソジニーの論理』（ケイト・マン著）にてミソジニーという言葉がわかりやすく再定義されていた。それは簡単にいうと「ミソジニーとは、家父長制に抗議したりそこから逸脱しようとする女性に対する制裁行為」だということ。

つまり、ナンパして無視すると「ブース」と言って去っていく男は、本来男性に声をかけられたら喜ぶべき存在の女性がそうしなかったから、「ブス」という言葉を使って罰を与えようとしたという意味でミソジニーだということだ。

私に対して「Twitterで毎日のようにつきまといをしてくる多くの人たちは、「自分の批判を受け入れるべきだ」「お前が間違っているから正してやろうとしているんだ」「自分の質問に答えるべきだ」と言う。何が正しいか正しくないかはその人たちが判断して、私が質問に答えるか答えないかもその人たちが決めるらしい。つまり、私に対して「お前は自分の言うことに従うべきだ」と思っているようだ。従わないのなら嫌がらせや誹謗中傷、つきまといを続ける。それって、男性に対しても同じことをするのだろうか？　その人たちのリプ欄を見にいくと、男性に意見することはあってもつきまとっていることはそうそうない。自分の意見に従わせようという動きは、女性のみにしていることがほとんどだ。

これらを考えると、エトセトラブックスが「ミソジニストども　#石川優実さんへの誹謗中傷をやめろ」とツイートしたことはまったくその通りなのである。

女が女らしく、ではなく自分らしくいようとした時、社会の「当たり前」から外れた時、凄まじいバッシングが起きる。

女は男のために存在しているのではない。男に好かれるためだけに存在しているのではない。男を喜ばせるために存在しているのではない。それらは本来、お互いの矢印が向き合った時に発生することであって、知らない人からそんな扱いをされるいわれはない。

私は、社会が作る女らしさのなかにいて罰を受けない状態よりも、罰を受けてでも自分が思う自分でいるほうが何億倍も幸せだ。でも、自分が自分らしくあろうとするだけで罰を受けなければいけない世の中なんて、やっぱりおかしい。ここは一つ、みんながみんな、自分の思う自分で生きてみてしまうのはどうだろう。そうなれば、罰を与えようと思い込んでいる側だってきっと追いつかなくなって、「こうなっちゃったら仕方ない」となっていくのではないか。

フェミニストになって男が好きになった話

ミソジニーの対義語として、「ミサンドリー」という言葉がある。つまり、「男性嫌悪」。男嫌いな女性のことを指すことが多い。

私は、ミソジニーとミサンドリーを簡単に対にするのはちょっと違うのではないか、と思っている。先ほど、ミソジニーとは「家父長制に抗議したりそこから逸脱しようとする女性に対する制裁行為」だと再定義される、という話をした。ミソジニストは、単に女が嫌いなわけではない。いや、むしろ「女らしい」とされる女は好きなのだ。対してミサンドリストは、そのまま男が嫌い、なのだ。

まだミサンドリーという言葉を知らない頃、多分私はミサンドリストだったと思う。男が嫌いだった。嫌いだったというか、正確には怖かった、だと思う。別に普通に恋愛もセックスもしていたし、男友達だっていたし、自分に「男が嫌いだ！」という意識が明確にあったわけではない。しかし、過去に遭ったたくさんの性被害やセクハラ、女性への偏見、脱いでいる自分への偏見、たくさん嘘をつかれたこと、浮気をされたこと、メディアに溢れる「男性像」、そういうものが多すぎて、「男とはそういうものだ」と思っていた。なので、たまに自分にとって素敵な人間が現れると「珍しい」「男らしくないな」と思っていたし、それでもどこかで「とはいえこの人も男だから、心のなかでは他の男と同じようなことを考えているんだろう」と思っていた。今振り返るとそういう自分のなかにある偏見で相手のことが信じられなくて、ダメにした恋愛もあったように思う。

ミソジニーとミサンドリーが対にならないと思うのは、ミサンドリストになる女性は実害を受けていることが少なくないからだ。実際に痴漢などを含む性暴力に遭っている女性は多い。性暴力の被害者はほとんどが女性だ（もちろん男性にも被害者はいるし、そういった男性が女性を嫌いになることがあるのならば自然なことだと思う）。そういった人に対して「男（異性）を怖いと思うな」、というのは少々乱暴だ。

対してミソジニー・ミソジニストは、「そういうものだ」という社会通念や、現在の法律・制度などによって、社会がみんなで作っているようなものだと感じる。ミソジニーを内面化している女性は多いが、ミサンドリーを内面化している男性をあまり見かけないのもその差なのではないか。

しかし、私はフェミニズムに出会って、男性への偏見があったことに気がつき、男性と関わることがあまり怖くなくなった。私がフェミニズムに出会って学んだことのひとつに、「女はみんな一人一人違う」ということがある。よく、フェミニストが対立していると「仲間割れしている」などと揶揄され、それに対して「フェミニストは一人一派だ」と言い返すのを見かけるのだけど、一人一派なのは多分フェミニストだけではなくすべての女性、そしてすべての人間なのだと思う。

だったら、酷い男性がいてもそれがすべての男性ではないのだな、と冷静に考えられるようになった。これは、被害を受けて辛い思いをしている人に無理やり押し付けるものではもちろんない。被害を受けてミサンドリストになってしまった人を、私は責めることはできない。ただ、フェミニズムを知って男性に対する嫌悪感が薄れて、私は本当に楽になったし、本当だったら仲良くできていたかもしれない男性を、はなから拒絶することが減った。

よく、フェミニストは男嫌いだ、それはミサンドリーだ、と言われることが多いけれど、むしろ逆な人が多いだろうと思う。フェミニストは男個人の話をしているのではなく、男性中心の社会構造について批判をしているのだ。何もしていない男性個人をひとまとめにしてどうこう言うことはそうそう見ない。一見男嫌いで男を攻撃している、と思われがちのフェミニストだが、本当にそうなのか、ぜひフェミニストのことだってひとまとめにしないで、個人個人を見てほしい。

「すべての人は同じ権利を持っている」という思想

ここ数年、トランスジェンダーの方に関する話題をインターネット上でよく目にする。お茶の水女子大学がトランスジェンダー女性を受け入れるというニュースもそうだ。

特にTwitter上では妙な議論が続いている。「トランスジェンダーを受け入れると、女装した男性も入れるじゃないか」というもの。「だから、トランスジェンダーの受け入れを許すべきではない」という。

いやいや、「だから」がおかしいぞ。女装をしてトランスジェンダーを名乗って入ってきた人は男性であって、トランスジェンダーではない。なぜ嘘をついた男性のために、なんの罪もないトランス女性の権利を制限されなければならないのだろうか。

私もTwitterで見てはいたのだが、当事者ではないのであんまりごちゃごちゃ言うべきじゃないのかなぁ、と思っていた。

国際女性デーに行われるウィメンズマーチ東京が「トランス女性は女性です」と表明をしていて、私がリアルに会って話をしてきた、尊敬しているフェミニストの先輩たちは当たり前のようにトランス差別を批判する人たちばかりだった。わざわざ表明する必要もないものだと思っていた。そんななか、ちょっとびっくりするようなやりとりがTwitterで目につくようになった。

『「男子トイレは怖くて使えない」というトランス女性が、「女子トイレに男性に見える人がいても排除するな」と言うのは、理屈からするとおかしいんだよ。彼女自身にとっても、「女性専用スペースに男性が自由に出入りできること」は脅威なんだから』（二〇二〇年六月一五日／@minaduki_jin）

少しややこしいのかもしれないが、「トランス女性が男子トイレに行くのが怖いなら、女子トイレに身体が男性のあなたが入ってくるのはみんなが怖がること、わかるよね？」ということである。

それに対して私は、

『「男性トイレが怖くて使えない」って男性スペースに女性が入っていくことなので「女性専用スペースに男性が自由に出入りできる」と全然違いますし、女性専用スペースにトランス女性が入ることと男性が入ることとって全然違いますし、そもそも掃除のおじさん女性トイレに入ってくるやん』（二〇二〇年六月一五日）

と引用リツイートをした。すると、とにかくトランス女性を女性だと認めたくない人たちからの攻撃が始まった。

トランスジェンダーの人たちが、実際にどういう生活を送っているか。私は、全然わかっていなかった。ぼんやり、「身体と自分の思う性別が違うってのは大変だよな」、くらいにしか思っていなかった。

しかし、調べるうちに身体と性自認と一致している自分には想像もつかないことで、日常生活でとても大変なことがあるんだと知った。シスジェンダー（自分の身体と性自認に違和がない人）の特権チェックリスト、という記事を読んだ。リストの一部をあげてみたい（はてなブログ「にしへゆく〜Orientation to Occident」二〇〇八年八月二〇日更新記事から引用する）。

・トイレがちゃんと使えて、使用中でもないのに、「我慢する」という憤りに苦しんだことはない。実のところ、公共施設が性別で区別されていることを、気にしなくてもいい。
・もし入院したり収容されたりしても、性別で区別された施設で間違った場所に入れられないか、心配しなくてもいい。
・ばれることが怖くてきちんと医者に罹らず、自分の健康を危険にさらすことはないだろう。
・体の一部を締めつけたり挟み込んだりして隠そうと考えたことはない。

私にはまったく当てはまらなかったのだ。トイレに入る時にいろいろと考えなければいけないことも、入院や通院のことも、身体の一部を隠そうとしたことも。これまで何も不便がなく当たり前に過ごしてきた部分で、苦労を強いられている人たちがいるんだと知りびっくりした。

もし、自分の身体に男性器があったらつらいと思う（ただし、これは今の私の立場からの想像でしかない。誰かを代弁するものではないし、当然トランスジェンダーもみんな違うので、そう感じない方もいると思うが……）。「どうやったら男性器をなくせるのか」「隠せるか」とか、「見ないようにしたい」とか、「手術をすればいいのか」とか、いろいろと考えそうな気がする。

そんな状況で、「お前は男性器があるから女じゃない、こっちに来るな」と言われたら、なんてつらいことだろう。そんなのはきっと、本人が一番ずっと自分に対して思わされてきたことなんじゃないのかなとも想像する。

たまたま私はこの体で生まれてきたから、トイレは迷わず女子トイレを使えるし、履歴書には迷わず女と書けるし、「私って女なのかな？　男なのかな？」と考える必要もなかった。

だけど、そうじゃない人がいる。

私が苦労していないのはたまたまでしかないはずだ。

なので、トランスジェンダーの人たちはどんな思いをしているのか、何を言われたら嫌な思いをするのかをみんなで知ることができたらいいと思う。まずは当事者の話を聞くことが一番だろう。

遠藤まめたさんの『ひとりひとりの「性」を大切にする社会へ』という本がとてもわかりやすい（#KuTooのことも書いてくれていて嬉しい）。

現実的には、何事もなくこれまでも女子トイレを使ってきたトランス女性もいるそうだ。多くの人はそれに気がついていないし、たとえもし心の中で「ん？」と思ったとしても、あからさまにおかしなことをしなければ通報することもないだろうし、ましてや「あなた女性ですか？」なんて聞かないはず。

逆に何かおかしな行動をしていたら女性であろうと通報されるわけだ。「何かおかしな行動」をして初めて、人は通報されたりする。「怖がるな」「怖いと思っても我慢しろ」なんて言っていない。そうではなくて、まずは当事者の人たちが何で大変な思いをしているのか、聞くべきなのではないかと思う。

トランス女性に対して「でも男性が女性のふりをして入ってきたらどうするんだ」とか、「身体はどういう状態なんですか？」とか、どうしても聞きたくなってしまう方は、一度「それによって死にたくなる人がいること」を、考えてみてほしい。ただでさえ自分の身体について悩んできているかもしれない人へ追い討ちをかけるような言葉は必要あるのだろうか。私にはそれは攻撃にしか思えない。

私がフェミニズムに助けられたのは、大前提に、「すべての人は同じ権利を持っている」という思想があるからだ。

その前提があるからこそ、「だったら女性だって男性と同じ選択肢があるはずだ」となり、「だったらフェミニズムって正しいし必要だ。だってすでに男性が持っている権利をまだ女性は持っていないからだ」と考えるようになった。

もしトランス女性が身体や性器について他人にごちゃごちゃ言われたり、毎日何回も使う必要のあるトイレのことでこんなに苦労したり我慢しなければならなかったりすることを「仕方ない」とするならば、女性の様々な差別だって仕方ないとされてしまうんじゃない？　そうやって何かしらの理由をつけて差別されてきたのではなかったか。

シス女性だって、誰一人として同じ身体の人はいない。勝手に他人が決める「女らしさ」に抗ってきたのではなかったのか。

私は怖い。私が他人のいう「女っぽい見た目」じゃなくなった時、私は女子トイレを使えなくなるのだろうか？　誰がそれを判断するんだろうか。

私は身体のことや性器のこと、生理や子宮とか妊娠とかについて他人にどうこうなんて絶対に言われたくない。「これが正しい女だ」なんて言われたくない。

フェミニズムでも #KuToo でもネット上の誹謗中傷でも、当事者でない人にたくさん助けられた。

やっぱり当事者だけじゃもうどうにもならないこともあるのだ。当事者の人たちは必死で声をずっと上げている。死なないために、生きるために。

気がついた人から「おかしくないか？」と思ったら、難しいけれど少しでも意思を表明してみないと何も変わらない。あなたも「#トランス女性は女性です」「#トランス差別に反対します」とハッシュタグをつけて、一度だけでもいいからツイートしてほしい。ほんの一ツイートで救える命があるかもしれない。その積み重ねでしか、社会は変わらない。

目の前の人の言うことを信じ受け入れること

今の私には、フェミニストとして活動している友人がとても多いが、もちろんそうでない人もいる。

私が #MeToo の活動を始める一年くらい前に、地元の行きつけの飲み屋さんである女性と知り合った。彼女はリトミックの先生をしていて、私より少し年上だった。

リトミックとは、乳幼児がピアノやバイオリンなどの楽器を始める前に学ぶ音楽教育法。音楽に合わせて動いたり、歌ったりする音楽教育の一つであり、情操教育でもある（彼女はこちらの一面を重要視しているらしい）。子どもたちが音楽を通じて自分の気持ちを知ることによって、それが大切な心の教育になるのだと話してくれた。

その頃、彼女もリトミック教室を始めたばかりで、私はフェミニズムに出会うまだ一歩手前。だけど、「どうしたら女性がもっと自由に生きていけるのか」を探り始めていて、それを仕事にしていきたいと思っていた。そういう話をして、「この人と仕事の話をするのは楽しいな」と思った。

彼女と話をしていくうちに、リトミックと私のやりたいことはとても近いような気がした。リトミックは、「自分が何を感じているのか、自分が認識して表現する」練習をするのだそうだ。女性の生きづらさは、「自分が何に対してモヤモヤや不快感、つらい気持ちを持っているのか」ということを気がつけないでいるということでもある。自分の気持ちに向き合うことが苦手な大人は、現代人に多いと思う。リトミックのように幼い頃から自分の感情に目を向ける練習をしていれば、もっと変わってくると思うのだ。

彼女の教えているリトミックは「自分の感じたことをそのまま、ありのままに、否定せずに」という面を大切にしている。表現することが恥ずかしい、と感じるならそれはそれでよい。無理に「表現したい」と思うように努力する必要はない。まずはありのままの自分を自分が認めてあげること。彼女はそのお手伝いをしている。

そんななか、二〇一七年末に私は #MeToo というブログを書いた。過去に芸能界で受けた性暴力について告白したのだ。「はじめに」に書いたように、自分として生きると心に決めてからこの記事を書くまでに、私はリトミックのようなことをしていたのだと思う。自分が感じることとすべてを自分で見つけて、表現する。#MeToo があって、フェミニズムに出会って、#KuToo があった。

私が #MeToo をして、フェミニズムを学んでいき、そこから彼女との仲も深まっていったように思う。私たちがお互いに抱えていた女性としての生きづらさが、フェミニズムでどんどん解決していったのだ。彼女は私を通して、フェミニズムを知ってくれた。私がフェミニズムに出会って離れていく人もいるなかで、彼女とはよりいろんなことを話せるようになったし、フェミニズムは確実に私たちを強くしてくれていると思う。

思えば、私がフェミニズムに出会う前から、子どもに教えているように、ありのままの私でいることを許して接してくれていた。だから私も仲良くなりたいと思ったし、今もずっと仲良く過ごせているのだと思う。

たとえば彼女は、何か嫌なことがあった時（特にセクハラや不当な扱いを受けた時）に相談をすると、絶対に疑ったり決めつけたりせずに話を聞いてくれる。これが、実は本当に難しいことなのだ。「ヴィクティム・ブレーミング」という言葉がある。「被害者非難」という意味だ。アメリカの研究結果で、人の脳はほぼ無意識で衝動的に「被害者を責める」という事実が認められたらしい。この被害者責めというのは、ひどい出来事を聞いた時にそんなことが実際に起きたなんて信じたくない、という気持ちや、「世の中は公平であるはずだから、何かひどい目に遭う人はその人に原因があるからだ」という考えが根底にあるそうだ。

彼女から、私を責める言葉を聞いたことがない。それは、目の前の人の言っていることを信じる、受け入れるという、シンプルだけど多くの人ができないことを、日々リトミックを教えることで鍛えられているのではないか、と思う。

二〇二〇年には、ついに彼女と一緒に仕事をする夢が叶った。東京都杉並区の男女平等推進センターで、女性が働くことについての講演にゲストで呼んでもらった。彼女は二人組で音楽ユニットもやっていて、その二人が講演会を企画・主催したのだ。飲み屋さんで出会った時は、まさかこうやって公式に（しかも行政の！）仕事をする日が来るとは思わなかった。

二人とも、女性が働きやすいとはまだ全然言えない、圧倒的に不利なこの社会のなかで自分のやりたい仕事を貫き通し今も音楽の仕事を続けている。

努力をしてきた人は、それを他人にも押し付けがちになる。しかし彼女はそうではなく、自分が苦労してきたからこそ、すべての人が自分らしく生き、自分らしく仕事ができるように今も活動をしている。

彼女はそう名乗っていないが、私から見たら立派なフェミニストだ。でも、大切なのはフェミニストかとかフェミニストじゃないかとか、フェミニズムに理解があるとかそういう話ではなくて、目の前の人を信じ、目の前の人がそのままのその人でいることを受け入れること。そうやって作られた人間関係は、私の大切な宝物の一つだ。

心の奥底のモヤモヤを放置しないことの大切さ

グラビアの仕事をしている際に受けた性暴力を告白する記事を書いた日から、あらゆるフェミニストの活動や本、データ、記事や体験談、歴史などから、性暴力のこと、性差別のこと、フェミニズムのことを学んだ。自分が抱えていたモヤモヤとそれらを照らし合わせて、答え合わせをする日々。

なんで好きな恰好をしているだけなのに勝手に誘っていることにされるのか、なんで勝手に可愛い女の子に嫉妬していることにされるのか、なんで自分が特段興味のない人から可愛いと言われて、気持ち悪いと思ってもありがとうと言わなければいけないのか、なんで勝手に身体を触られても怒ってはいけないのか、それをうまく説明をすることや、自分の気持ちの言語化もできなかったが、モヤモヤのほとんどが「女性だから」という差別に起因していることがわかった。

少しわかってくると、今までせき止められていた私の思考は溢れ出すように動き出した。どんなことでも少しでも違和感を覚えたら、考えて考えて考えて考えて、考え続ければ絶対に答えが出る。逆に、考えなければいつまでたっても答えは出ない。

そんなふうに日々、新しい発見をしていくなかで、私はこれまでの友達と衝突することが増えた。

その時期、よく飲みに行く街があった。元々住んでいた地域で、飲み屋さんがたくさんある。みんな飲み屋で知り合って、どこかの飲み屋に行けば誰かしら知り合いがいる、そんなコミュニティーだった。その人たちと飲んでいると言い合いになることが増えたのだ。

ある時、男性数名と一人の女性に突然「石川、海外行ったほうがいいよ」と説教されたこと。海外に行ってもっと勉強してこい、ということだったと当時の自分は受け取った。私がフェミニズムに関する投稿をよくFacebookでするようになった。そういうことを見ての発言だったのだと思う。

ちなみに、その人たちはジェンダーの本なんて一冊も読んだことのない人たちだった。その少し前に、女性専用車両の存在を「女性が優遇されている」という根拠として出してきた人たちでもあった。女性は、ワールドカップの時期、混み合った渋谷で痴漢が多発しているニュースを受けて「でもそんなところに行くほうも悪いですよねぇ」と笑いながら言っていた人だ。

そういう人たちが私に言うのだ、「もっと勉強しろ」と。

この日を境に、私は街と距離を置くことを決めた。自分が自分で獲得した知識や考えを、信じていられなくなってしまうからだ。「でも、仲がいいから」という理由で今も変わらず遊んでいたら、#KuTooは生まれなかったかもしれない。

ずっと仲の良かった女友達とも、距離を置いた。夫からモラハラを受けている子だった。彼女が飲みに行くには夫の許可がいるし、子どもを連れて行けと言われる。トイレが汚れていると「汚れてるよ」と言われる。共働きなのに、夫の家でもあるのに、自分で掃除をしようという発想にはならないらしい。それを内面化している子だったから、私が一人で飲みに行った時にセクハラされるのが嫌だと相談していたけれど「飲みに行くってことはそういう覚悟がないといけないんじゃないの?」と言われ、もうあまり話ができなくなってしまった。飲みに行くのに必要な覚悟ってなんやねん。

多分、個人同士で話してもきっと「石川がわがままを言っている」と取られるだけなのだろう。これは「私の考え」というよりも、「私が勉強して調べて知った結果の知識」なのだけど、フェミニズムは思想としてもとても軽んじられていて、「個人個人の考え方の違い」とされてしまう。本来の無知な私の気持ちで言うと、「日本には女性差別もなくて痴漢もセクハラも女性が受け流せばいいこと」だった。だけど、現在の刑法や性暴力の定義、世界・国・男女共同参画局が目指している社会や検討していること、過去のデータ、事実、人権、そしてフェミニズムを知って学びなおした結果、「日本には今も女性差別がたくさんあって、変えていかなければならないこと」として今私は発信しているのだ。様々な事実に基づいて考えて出た答えであって、決して私が何もないところから妄想して勝手に判断したものではない。

それを理解してもらうには、社会に溢れている様々な言説が変わっていかなければいけない。きっと、あの街の人たちが女性専用車両を女性優遇だと思い、混んでいる場所で痴漢に遭うことはそんな場所に行くほうも悪いと思い、女が一人で飲みに行くにはそれなりの覚悟が必要だと思うようになったのは、「そういうもんだから」だと思う。私だってそう思っていた。だって、そう言っている人が多かったから。社会にそういうメッセージが溢れていたから。

鉄道会社が本当に女性を優遇しているなら、それは男性も怒っていいことなのだ。男性専用車両の署名には賛同したのかな？　私はもちろん署名した。痴漢された時に、混んでいる場所に行くほうも悪いと言うならば、混んでいる場所に行ったほうも捕まらないとおかしいと思うのだ。女性にだけどこかへ行く権利を制限しようとするならば、それなりの根拠が必要だと思うのだ。

飲みに行くことに覚悟が必要ならば、そういうことは義務教育で教えるべきだと思う。教科書にもきちんと載せてくれ。そんなことしたら「女性差別の国だ」と批判されるだろう。そう、公には決して言わないけれど、うっすらと表面上は「そんなこと日本ではしてないですよ」と装いながら女性差別をしているのが今の日本なのだ。

フェミニズムを理解するには、まず日本には今も様々な女性差別があると認識することから始まる。これまで日本は、「女性差別なんてもうありませんよ」というていでやってきた。そのため、女性差別があってもそれが女性差別だとはわからずに過ごしている人がとても多い。私たちは、「差別をしてはいけない」ということは教えてもらったけれど「差別とは何か」ということを教わっていないのだ。

私は、個人間で言い合っても届かなかった人たちには、社会から私の言葉がその人の元に届くように活動をしている。LINEや飲み会の場で言い合うより、新聞やウェブニュースやシンポジウムから届く私の声のほうが、まだ聞いてもらえるだろう。

これまでのような関係が続けられないのは少し悲しいことではある。だけど、仕方のないことだとも思う。いつも近くにいることだけがお互いのためになるとは限らない。

森喜朗元東京五輪・パラリンピック組織委員会会長の辞任があり、日本でもジェンダーギャップ指数ランキングなどが報じられることが多くなった。少しずつ、「日本って女性差別がある国なんだ」ということが認識され始めている。三年前よりは、あの頃距離を置いた人たちとも少しは話ができるようになっているのかもしれない。

いつか、私が距離を置いた人たちが「あの時石川が言っていたことはこういうことだったのか」と思ってもらえる日がきたらいいな、と思う。夫からモラハラを受けて苦しんでいたあの子も、いつかそれが女性差別によって起こっていたことで、自分は何も悪くないんだということに気づけてもらえたら嬉しい。そう願いながら、直接その人たちに何かを言うわけではない。今日も淡々と発信を続けるのだ。

あれもこれもシスターフッド！

「女の敵は女」とか、「女同士は陰湿だ」とか、昔から耳にすることが多かった。ドラマや漫画でも、女同士の醜い争い的なものを多く見かける気がする。キャバクラ内での争いとか、大奥とか？　可愛い女の子をほかの女子が妬んでいじめる、とかもよくある。

私は、高校時代の三年間をほとんど女子が占めるクラスで過ごした。男子が六人で、女子は三〇人くらい。一クラスしかない学科だったので、三年間クラス替えはなし。

そんなクラスは、とても伸び伸びできる空間だった。みんな自由に、自分らしく過ごしていたと思う。もちろん、時に喧嘩もあったし、陰で悪口を言うこともゼロではなかった。だけど、悪意を持って誰かを攻撃しよう、なんていう子は一人もいなかった。いろんな子がいるクラスだったけど、みんな個性豊かでみんながみんなを認めている、そんなクラスだった。もちろん、個人的に気が合わない同士も、嫌い合う関係もあっただろう。私のことを嫌いな人もいただろうと思う。だけど、「女の敵は女」とか、「女同士は陰湿だ」みたいなものとはだいぶかけ離れていた。

何も私の高校時代が特殊だったわけではない。高校を出てから進学した専門学校でも、その時にアルバイトしていたキャバクラでも、女の子同士みんな助け合って仲良くやっていた。仕事終わりに飲みに行って、クソ客の愚痴を言い合って、どうやって乗り越えていくか作戦を立てたりもした。

確かに、「指名客を取った取られた」ということもあった。すごくモテる女の子がいて、嫉妬したりされたりもあった。だけど、そもそも「女性が男性に選ばれないと幸せになれない」みたいな価値観がなければ、そんな嫉妬も必要ないだろうといつも思う。

私に匿名で嫌がらせをしてくるアカウントの多くは男と思われる人たちだ。仲良くもないのに気軽に身体を触ってくるなどのセクハラをしてくるのも男だし、容姿についてジャッジしてきて傷つけてくるのも男のほうが多かった。つまり、男だって女だって諍いの相手になることはある。それなのに、なぜか「女VS女」だけがピックアップされて受け伝えられていく。なんでだ？

その理由、私はそれは、女同士が仲良く連帯したら「男なんて別にいなくても生きていけるんじゃない？」と気がついてしまうからだと思う。

誤解がないように言っておきたいけれど、これは別に男性を好きになることを否定するものではない。「男がいないと生きていけない」と思い込んで男といることを選ばざるを得ない、そういう状況から解放される、ということだ。一緒にいたい時はいる、でも必要だと感じなければ一緒にいなくてもいい。それが「自分で選んでいる」ということだと思う。

女性は、人生において孤立しやすい場面が多々ある。一番わかりやすいのが、結婚して子どもを産んだ時や専業主婦になった時だろう。社会や友達との繋がりがなくなってしまう人が少なくない。さらにそういう時に身体的、精神的ＤＶにあっていると、「自分がＤＶにあっている」ということになかなか気がつけない。

加害者は「暴力を振るうのはお前がいうことを聞かないからだ」と、責任を転嫁してくる。そんな時、周りに「それはＤＶだから逃げたほうがいい」と言ってくれる女友達がいれば、「自分が悪いんだ」という洗脳から抜け出せる。

逆にいうと、そういう人がいなければなかなか抜け出せない。特に専業主婦だと、家事や育児は仕事とみなされないため無職扱い。自由に使えるお金もなかったりする。下手をすると、実家とも関係を断ち切るようにされていたりする。生きていくためにはここにいるしかない、と思い込んでしまう。子どもがいたら余計にそうだろう。生きるため、子どもを守るため、簡単に離婚に踏み切らないのは、親として当然の選択でもあると思う。

こういうことが起きないように、そして女性がいつでも自分で自由に選択ができるために、私たちは気軽に繋がっていつでも愚痴り合える、安全な場所が必要だと思うのだ。

Twitterは、女性にとってそういう場所の一つだと思う。匿名でも同じような悩みを抱えている人たちとハッシュタグで繋がりあって思いを共有できるし、思い切り愚痴ることもできる。私は、これまでの人生、たくさんの女性に助けてもらった。

高校時代もそう、グラビアや芝居を始めてからもそう、アルバイトでもそう、そして、#MeTooして#KuTooしてから、たくさんのフェミニストの先輩や仲間に助けてもらった。優しい言葉をたくさんかけてもらった。

定期的にフェミ飲み会を開いて愚痴りまくって、思う存分食べて飲んで、どうでもいい話もして、笑いまくって。何かあったらすぐにLINEグループに報告して。たくさん誹謗中傷にあってしんどい時期も、いつでも私を救ってくれたのはこんなシスターフッド、女同士の連帯だった。

「女の敵は女」なんていう言説に惑わされないで、自分の心が温かくなる人との関係を大切にすればいい。私はそんなたくさんの女性たちの顔を思い浮かべると、「あぁ、私みんなのことが心から大好きだなぁ」なんて思って、心がぽかぽかしてきて幸せな気持ちになるのだ。

自分の経験と共に語られるフェミニズム

チママンダ・ンゴズィ・アディーチェの『男も女もみんなフェミニストでなきゃ　WE SHOULD ALL BE FEMINISTS』は、私がフェミニストになった当初に読んだ本の一つだ。二〇一二年一二月にTEDxEustonで行われたスピーチに加筆をしたもの。

初心者だった私が読むにはふさわしく、わかりやすい言葉ですらすらと読めてしまう本だ。

「フェミニズムってなんだろう?」と思っている人にぜひ読んでいただきたい。

これまでアディーチェが経験してきた様々な女性差別が書かれている。読み進めるたびに、自分の人生にも同じように起こった経験を思い出す。

それらは一見、小さなことだ。

パートナーとの旅行でお部屋での食事だった時、当たり前のようにご飯のおひつは私の側に準備されること。一人で飲み屋さんに行くと、同じ客同士なのにおじさんに接待のようなことを求められること。テレアポのアルバイトをしている時、「女じゃ話にならない」と言われること。初めて会った人なのに気軽に肩や身体の一部を触られること。男性と一緒にいる時にこちらのほうを一切見ず、相手にしない飲食店の店主がいること。家にかかってくる電話で「ご主人をお願いします」と言われること。夕方にスーパーに行くと「奥さん」と声をかけられたこと。

そんな出来事が、私の頭の中をぐるぐると駆け巡る。どれも私が男性だったらきっと経験しないことだ。

フェミニズムを知り始めた頃に読んだこの本を、あらためて読んでみた。今でも深く頷けることばかりだった。初心者向けと言ったが、フェミニズムを知らない人が読んでも、勉強している人が読んでもやっぱりとても意味のある本なのだ。

以前ある人が、「フェミニズムとは、自分について語ることから始まる」と教えてくれたことがあった。この本もそういうことなのだと思う。

誰かが自分に起きた経験を話し、みんなで共有する。それを聞いた人もまた、自分の経験を思い返し考える。そこからフェミニズムが始まるんだ、と。

きっとこの本が多くの人に読まれていて、ビヨンセが曲の中に引用したり、クリスチャン・ディオールが「WE SHOULD ALL BE FEMINISTS」と書かれたTシャツを発表したり、私が今読んでも変わらずにポジティブな感想を抱けるのも、とてもシンプルにフェミニズムについて自分の経験と共に語られているからなのだと思う。

そして、本の中にあるアディーチェ自身のフェミニストの定義、「男性であれ女性であれ、『そう、ジェンダーについては今日だって問題があるよね、だから改善しなきゃね、もっと良くしなきゃ』という人です」に関して、私は完全に同意する。

女性差別の問題に対して抗議をすると、「攻撃だ」とか言われるが、そもそも「これが女性差別の問題だと思うから一緒に考えませんか？」と問題提起しているだけだ。しかしそこで「それが女性差別だと言うんだったら一緒に考えなきゃね」とならず、「それは女性差別ではない！」と返ってくるのが現状だ。女性本人が指摘する女性差別を「女性差別でない！」と言えてしまう時点で、女性差別だということだと私は思う。今わからなくても、すぐに解決しきれることじゃなくても、世界でジェンダー平等を達成した国は一つもないのだから、問題と感じる事柄が出てきたらみんなで考える。そういう姿勢が一番大切なものだ。そりゃあ「これが女性差別だ」なんてすぐにわかるわけがない。わからないから差別が当たり前のことのようになってしまっているのだから。

邦題に「男でも女でもない人も入れてほしかったな」と感じるが、すべてのジェンダーの人がフェミニストでなきゃ、と、今の私は思いを強くする。「ジェンダーについては今日だって問題があるよね」ということを認めよう。ジェンダー平等について考えるならば、ジェンダー平等になるべきだと思うなら、そこからすべてが始まるのだ。

B'zの歌詞に見るブラザーフッド

男社会とは、一体どんな場所なんだろう。女であるけれど、この社会は男が中心になって作っていて、私もまた男社会を生きているとも言える。

一方で、男性同士が作り上げている「ホモ・ソーシャル」なノリは元々苦手だった。以前はそういう男友達もいたのだけれど、自分がフェミニストになってから、「男らしさ」「マッチョ」みたいなところからは意識的に距離を置くようにしているので、今はもっと遠い。

女社会と社会の違いってなんだろう？　いくつかあるのだけど、女性同士は何かあるとお互いに報告し合ったり愚痴り合ったり、とにかく「自分の話を言語化し、相手の話も聞く」ということが多いように思う。対して男性同士は、あまり日常の悩みなどを共有し自分の話をしない人が多いように思う。

私は日常から何かあるとすぐに異性であるパートナーに助けを求めるのだけれど、彼はそういうことにあまり慣れていないようだ。何かあればリアルタイムで言語化してほしいと伝えるんだけど、どうも苦手そうだ。もちろん個人差はあるだろうけれど、これって「幼い頃から自分について人に話す習慣」みたいなものの差なのかな、とも思う。

重要なのが、女同士はそこでお互いを癒し合っている部分がかなりあるのだ。よく「愚痴ってばっかじゃなにもならないよ」という言葉を聞くけれど、その日にあったこと、嫌だったことは「話す」というだけでその問題自体は解決しなくとも、自分自身がすっきりする、ということがある。それに、共有することでアドバイスをもらったり、新たなアイデアが思い浮かび実際に問題が解決することだってある。そういう機会がもしかしたら男性は、女性よりも少ないのかな、と思う。「男は泣き言言うな」みたいな呪いもあるのだろうし。

突然だが、私はB'zがとても好きだ。元々は母がファンクラブに入るほどで、私も一緒に聴いて育ったため、その影響でもう二十五年くらい聴き続けている。

なぜいきなりそんな話をし出したかというと、B'zの曲には「男らしさ」とか「マッチョ」みたいなものをほとんど感じないからだ。フェミニストになって、少し聴くのがしんどくなってしまったアーティストもいる。女性を飾り物のように扱う歌詞だったり、「それセクハラやん」と思うようなものだったり、「合コンにめっちゃブスがいる」みたいな歌詞だったり。

しかし、B'zはそういったものがないので今でも聴くことができる。実はこれは、B'zファンのフェミニストのあいだでも時々話題になることなのだ。

なぜ私がB'zの話をしたかというと、稲葉浩志さんの書く歌詞は男社会に疲れている男性を救うことができるのではないか、と思っているからだ。

なんとB'zの代表曲には、Sisterhoodならぬ「Brotherhood」という曲がある。この曲が由来となり、B'zファンは「ブラザー」と呼ばれるのだが、この歌詞がとても素敵なのだ。「どうか教えてほしいんだ　苦しい時は苦しいって言ってくれていいんだよ」「走れなきゃ　歩けばいいんだよ　道は違ってもひとりきりじゃないんだ」など、あったか～い言葉が並んでいる。男性同士だって、こうやって連帯すればいいのに。

また、私がB'zを好きな理由に、「なんかダサい」というのがある。世間一般の人から見て、稲葉浩志さんはどんな人に映っているのだろう？

容姿端麗で、横浜国立大学卒、数学教師の免許も持っていて、英語はペラペラ。それにあの歌唱力。一見、完璧でクールな人に思えるかもしれない。

しかし、彼の書く歌詞はかなりネガティブなものが多いというか、「あんまり自分に自信がある人ではないのかしら？」と思わされることが多い。たとえば、かつてファン投票で一位を獲得した「恋心（KOI-GOKORO）」（このなぜかローマ字でも書いたところも意味不明でちょっとダサい）。この曲のサビの歌詞は「どうしよう　ほかの娘がじゃまするこんなとき妙に仲がいいよね　これが女の連帯感なのか　un　困るね　先生、とても」というものだ。

喫茶店でよく見かける片思いの女の子に話しかけたいんだけど、野暮な性格がばれちゃまずい、どうしよう！　みたいな状況だ。ゴリゴリマッチョなミソジニー男性は、もしこんな気持ちを持っていたとしても外には出さないのではないだろうか？　有名な「松本に相談しようか」という歌詞も出てくる（でも多分冷やかされるからやめちゃうんだけど、相談ということもあまり男っぽくないとされるだろう）。

初期の頃はこのように女性に振り回される描写がとても多いし、今は自分の生き方、弱さ、仲間の大切さを深く考えるようなものが多い。歌詞では基本的に「僕」「君」「あなた」で、あんまり「お前」という言葉は使わないし、ですますが多用されるのもロックでは珍しいのではないか。

私は、「稲葉さんみたいな完璧そうな人でも、こんなに落ち込んでこんなに悩んでいるんだ」ととても励まされた。ライブではたまに面白くないことも言っちゃって、そういう完璧ではないところを見せてくれるということにとても魅力を感じるのだ。

実際、「パーフェクトライフ」という曲で「完璧に見える人も　みな見えないところで青筋たてて　苦しんでる」という歌詞があるのだ。まさに稲葉さんのことのように思う。

こんなことを言うと申し訳ないのだが、私はB'zファンの人たちのことを「なんかちょっとダサい」と思っていた(これは自分も含めて)。しかし、よくよく考えたらそれは「あまりミソジニーを感じられない」ということだった。私も過去は「男らしさ」や「ホモ・ソーシャル」がいいという価値観でいた。だから、自分の弱さに向き合っている人たちをダサい、とか、なんか頼りない、と思い込んでしまっていた。でも、稲葉さんをはじめこの人たちは男社会から脱却し自分らしく、そしてみんなに優しく生きている人なのかもしれないな、とも今は感じる。

それが日本の人たちがB'zを「あんなのロックじゃない」という理由なのかもしれない。男社会に適応して女をトロフィーのように扱うことが「かっこいい」とされる社会では、そりゃあB'zという存在はダサく感じるだろう。そうは言っても希望なのは、B'zはCDの売り上げが日本でトップレベルのユニットだということ。みんな、本当は弱音を吐きたいのかな？

男社会のマッチョな空気に疲れてしまっている人はB'zの曲を聴いてほしい。そこを受け入れ実行することができたなら、きっとフェミニズムのことだって理解ができるはずだ。

「女社会」に住んでみたい！

「男社会」に対して、「女社会」とは一体どういうものだろうか？　よくネット上で、「女だけの街に住みたい」みたいな話題があがってくる。

要は、男性からセクハラや性暴力、一方的な容姿ジャッジなどを受けるのが嫌で、もうほぼ加害してこないであろう女だけで暮らしたい、というものだ。そこになぜかやってくる「お前たち、じゃあ瓶のフタはどう開けるんだ？」みたいな男がいるのだが、瓶のフタを実際に男性に開けてもらうシーンなんて日常にそうそうないし、どうしても開けられないならその商品はもう買わない。実際に女だけの社会になって本当に瓶のフタを開けることが大変になったとしても瓶のフタを簡単に開けられる便利グッズなどはたくさんある。

私も少し、この「女だけの街」に住んでみたいな〜と思う。なんでかって、とっても平和そうだからだ。男に選ばれるために頑張らなくていいし、「ジャッジされる」というプレッシャーからも解放される。そうなったら、好きな時にだけお化粧をして、コンビニに行く時にわざわざブラしなくてもいいし、胸元の開いた服を着てもじろじろ見られない。毛だって気が向いた時は剃って、別に普段は生えっぱなしで問題なし。電車に乗っても痴漢されることもないから、女性専用車両も必要ない。そのうえで誰かと一緒に住むことになったとしても、どっちも女なので「家事は女がやるのが当然」みたいな性別役割分業が生まれず、きちんとフェアに分け合えそう。

女だけで仕事もするわけだから、女は出世できないなんてこともなくなるだろう。上司からのセクハラもほぼなくなって、「取引先に女を使って気に入られてこい」なんて指示も出なくて、なんと働きやすい世の中なんだろう。想像するだけで幸せな気持ちになる。そもそも、「出世」というものもなくなるかもしれない。

以前責任編集を担当した、フェミニズムマガジン「エトセトラVOL・4　女性運動とバックラッシュ」。そのなかで「行動する女たちの会」のみなさんに取材をした。「行動する女たちの会」は、男女雇用機会均等法が制定された頃に活動していた方たちで、女性差別への抗議活動や勉強会を精力的に行っていた。当時、家庭科は女子だけの教科だったのを、男女共修にと訴えたのもこのメンバーだった。

この会では決まりごとがあって、会のメンバーのことをみんな「さん・ちゃん付け」で呼び合ったそうだ。弁護士さんや教員の人もいたが、「先生」などと呼ばずにみんな「さん」「ちゃん」。とにかく「平場の関係性」であることを徹底したのだそうだ。

これは、男社会に対するカウンターでもあるのだと思う。ハラスメントは上下関係があることによって生まれるものだ。でも、関係性が対等ならば、嫌なことがあったらノーを言いやすい。「この人に逆らったら自分に何か害があるかもしれない……」という不安な気持ちを抱えたままの関係性は、とても不健全だ。

あれ、なんかここまで書いていて、世間一般で言う「女社会」とはだいぶイメージが違うなぁ、と思う。女同士って常に争って、みたいなイメージ。ああ、でもあれってそもそも男性や外野がいなければ起こり得ないような争いだったりするんだよな。

私のTwitterに、「笛美さん（#検察庁法改正案に抗議します、を最初につぶやいた人）はいいフェミニストだけど、あなたはダメだ」などというリプがやってくる。以前の私だったら、間違って笛美さんに嫌な気持ちを抱いてしまったかもしれない。でも、そんなリプを送られてくるその裏で私と笛美さんは「なんか甘いものを食べに行きましょうか」なんていうやりとりをしていたのだ。誹謗中傷をすごく受けていた時に、心配してメッセージをくれたのだった。

意外だろうか？　女同士はこうやってお互いのつらい時は声をかけあい、励まし合って仲良くやっているのだ。そこに邪魔してくる人がいなくなったら、なんて平和な社会になるんだろう。

この女社会には、もちろん男が来てもいいのだ。たまに「女子会男子」なんていう言葉が使われるが、あれは女性を対等に見ていたり、変にジャッジしたり、偏見でものを言ってこなかったり、きちんと相手の話を聞いている、そんな人なんだと思う。そういう人とは同じ「女社会」のなかで共存していけると思う。

本当の「女だけの街」はきっと実現不可能だと思うけど、そうした「女社会」はきっと作ることができる。そこは女も男もそうじゃない性別の人も、みんなが対等に安心して暮らしていける社会だろう。死ぬまでに住んでみたいものだ。

女性専用車両が女尊男卑だと？

「むしろ女尊男卑な世の中だよ」と言われることがある。聞くと、「女性専用車両の存在」だったり「お金に困ったら専業主婦になればいい」ことであったり、「ヒールやスカートをはけること」であったり、「仕事の際、オフィスカジュアルでいいこと」であったり、少し特殊な世界でいうと「芸能界に入りたい時にグラビアという選択肢がある」などだろうか。

一見、男性よりも選択肢が多いように思える。これらは果たして女尊男卑の根拠になり得るのだろうか？

「女性専用車両」。これを女性の特権と考える人は少なくない。私も実際、男友達に言われたことがある。しかし、そもそもなぜ女性専用車両があるのだろうか？　それは、女性だけに楽をさせるためでも混み合っていない電車に乗れるサービスを提供するためでもなく、電車内で女性に対する性暴力＝痴漢がとても多いからだ。そして本来ならば、痴漢に遭わないために女性たちが一つの車両に逃げる必要はない。痴漢が痴漢をやめるべきなのだ。女性専用車両は逆に言うと、女性を隔離しているのだ。そして、ひどいと痴漢に遭った時に「なぜ女性専用車両に行かないの？」と責める人までいる。痴漢さえなければ存在する必要がなかった女性専用車両は、本当に女性の特権なのだろうか。

「専業主婦」の存在。私も実際に「女は最悪専業主婦になればいいから人生楽だよね」と言われたことがある。男は一生働き続けなきゃいけないのに、というニュアンスだった。

まず、専業主婦が楽だと思い込んでいる人が非常に多い。明確に仕事の終わりがなくて、給料が出るわけでもない、そのうえで勝手に「楽だよね」と言われる専業主婦になって、大変な思いをしている女性は少なくない。働き続けたいのに夫から専業主婦になることを求められ、仕方なくなる人だっている。もちろん、専業主婦になってよかった、幸せだと思う人もいるだろう。しかし逆に、自分で稼ぐお金がなくなって、ＤＶを受けていてもなかなか別れられなくなって、夫の機嫌をうかがって我慢せざるを得ない人もいる。一度キャリアが途切れてしまうと、復帰するのもなかなか大変だ。実際には家庭内でずっと働いてきているにもかかわらず、「社会から離れて楽して過ごしていた」と思われて仕事ができない人扱いされてしまうこともある。果たしてこれは本当に単に女性の特権と済ませてよいのだろうか。

「ヒールやスカートをはけること」や「オフィスカジュアル」。確かに女性はパンツ以外にもスカートという選択肢があり、ヒールも男性が履くことはない。選択肢が多いように思えるかもしれない。しかしこれが、本当に自由意思でならばよいのだが、実際にはそうでないことが多い。たとえば、就職活動の際に女性はヒールのあるパンプスがマナーとされている。ヒールを履かなかった人はマナー違反として、落とされてしまう可能性がある。スカートも同じだ。大きな問題は、ヒールやスカートは女性に推奨されるが、労働の場ではまったく相応しくないこと。選択肢が増えたところで、場にそぐわないものを身につけさせられるのは本当に特権なのか？　そしてオフィスカジュアルだが、そもそもオフィスカジュアルは私服とはまた違うものなので単に楽なものではない。さらに、男性と違って戦力とみなされていないがゆえのオフィスカジュアルだったりする。男性がカジュアルな恰好をしないのは仕事で権威を示すことができなくなるからだろう。逆にいうと、女性には権威を持たせていないのだ。一見「楽そう・楽じゃなさそう」と思えることでも、その効果に注目してほしい。それで損をしているのは誰なのか？　これは「労働の場」での話だ。

そして私に起こった話。「女は芸能界に入る時にグラビアという選択肢があっていいよね」と言われること。私が18歳の時にスカウトされた際、「女の子はグラビアをやらないと仕事が始められないよ」と言われた。私は水着になることも男性から性的なものとして扱われることも精神的にまったく楽なことではなかったので、「損だな」と思った。しかし、水着の仕事をしなければ事務所にすら所属させてもらえない。水着になれない女性は「水着もやれないなんてやる気がない」と排除されるのだ。

男性で芸能界に入りたい人にこのようなことは言われない。女性が水着になってグラビアの仕事に時間を取られているあいだに、男性は芝居にしっかり挑戦できる時間を与えられる。

さらに腹立たしいのが、水着になれというくせに水着になると将来挑戦できる仕事が減るのだ。オーディション情報が届いた時に、「過去に際どい水着などになったことのある人は応募できません」という条件が書かれることは少なくない。やれと言っておいて、やったらやったで価値が下がったとみなす。どっちを選んでも結局悪いことにされるではないか。それに、本当に水着になることが特権ならば芸能界の割合が女性でいっぱいになっているべきなのではないか?

その割に大河ドラマの主演率は男性のほうが高いし（女性もだいぶ増えてきたが）、バラエティー番組では男性が仕切っていることがほとんどだ。水着にならずに済んでいる男性がなぜこんなにたくさんいるのだろうか? 男性のほうが基本的に才能があるから水着になる必要がないとでもいうのだろうか?

私は今、水着になったり脱ぐ必要がない。このことに私はとてもほっとしている。自分の脱ぎたくない時に脱ぐことがどれだけ自分に負担をかけ、どれだけ仕事への意欲を削がせるか身をもって感じていたからだ。無理に脱がなくなって、私は仕事がうまくいくようになった。脱ぎたくないのに脱いだことを思い出して眠れない夜もなくなった。そして、脱ぎたい時に自由に脱げるようになったし、男性のためではなく自分のために脱ぐことができてとても幸せだ。

これらが本当に特権だというならば、男性もやれるように環境を整えればいい。女性だってどれも自然発生したものではない。

男性が電車内で女性から性暴力に遭うことが当たり前になったら男性専用車両はできるだろうし、本当に専業主婦が楽だと思うならば労働面でもジェンダー平等を徹底し、女性が男性を養えるくらい稼げるようにして専業主夫を選べるような環境にしよう。

男性だって職場でヒールやスカートを義務付ければよい。それが特権なのだったら、今すぐに職場の規定に盛り込むべきだろう。

男性もグラビアをやればいい。本当は男性の身体を見るのが好きな女性はたくさんいる。「需要がない」と決めつけず、隠れている需要に向けてやればいい。役者を目指す女性たちがしているように、役者としての能力をはぐくむ時間をグラビアをする時間に使えばいい。それが本当に「特権だ」と思っているならば。

これらを実現しようとする人がほとんど見られない。ということは、本当は特権ではないことをわかっているのでは？　と思ってしまう。専業主婦は楽でいいよなという人が、自分より稼ぎのいい女性を配偶者に求め、専業主夫になろうとする様子はない。「女は風俗で働けるから楽でいいよな」という人が男性がキャストの風俗で働こうとするところを見たことがない。

私にはこれらは、一見選択肢が与えられているようで、奪われているように思える。こうやって巧妙に、女性差別は隠されていることが多い。

なんだかちょっとでも引っかかるようなことがあったら、立ち止まってじっくり考えてみたい。その引っかかりは、とても大切なものだ。そこから #KuToo のような運動が生まれるかもしれない。どうか諦めないで、モヤモヤすることは自分の中で答えが出るまで考え抜いてほしい。「今はもう女尊男卑でしょ」「女の特権」などという言葉になんか騙されないように。

第三章

今を生きるためのフェミニズム

声をあげるべき時代が来た時に考えること

「結婚」についてもう一度考えてみた

地元に帰る時、いつも思うことがある。「パートナーがいるほうがいいよな」と。私の地元は岐阜県多治見市。名古屋から電車で四〇分くらいのところで、まぁ普通に田舎。みんな地元が大好きで、あまり郊外に出ていかない。出ても名古屋くらいだろうか。名古屋も通勤圏内なので、わざわざ多治見市から出る必要がないかもしれない。

そこで生まれ育っている人たちは、20代前半で結婚して、子どもを産んで、一軒家を建てて、というような感じの人たちが非常に多い。仲良くしている地元の友人は、ほとんどすでに子どもが二、三人いて、家を建てている。

結婚をしていなかったり付き合っている人がいなかったり、定職に就いていなかったりすると「変わっている」「結婚できない人」と見なされてしまう。自分で選んで定職に就かないとか、結婚していないなんて思ってもらえない。「寂しい人」「人生に失敗した人」のレッテルを貼られてしまうのだ。

私が地元に帰る時にパートナーの有無を意識せざるを得ないのは、こういった偏見があるからだ。「可哀想なやつだと思われたくない」がために、「パートナーがいたほうがいいよな」と思ってしまう。実際には、いる時もいない時もあるのだけれど、いない時にはなんとなく帰るのを避けてしまう。特に、元カレや昔好きだった人ともし偶然街ですれ違ってしまった時のことを想像するととても気が滅入る。

私が地元で付き合った人や好きになった人は、ほとんどみんな結婚している。もし向こうがパートナーや子どもと仲睦まじく歩いている時に一人ぼっちの私を見たらどう思われるのだろう。可哀想で誰にも選ばれなくて、「あいつまだ一人なのか」ってバカにされるんだろうな、と惨めな気持ちになる。

これは、本当に相手が私のことをそう思うとか思わないとかの問題ではない。もちろん社会からのそういった圧力はあるけれど、個々が本当にそう思っているかは確かめてみなければわからないことなので、勝手に惨めになってしまう私の問題でもある。

こうやって書いていると、自分がいかに「結婚していないことは寂しくて惨めなことだ」とか、「男性に選ばれなかった自分はダメなやつだ」というような思いを自分に対して思っているということに気づかされる。そして、そういった思いから私はパートナーの存在を求めているのかもしれない、ということにも気がつき、自分が恥ずかしくなる。

こうやってフェミニズムを知っていくと、人の幸せは結婚や出産やパートナーの存在だけにあるわけではない、ということを頭では理解できるようになってくる。でもやはり、長年の刷り込みというものから解放されるには相当の努力や社会通念ががらっと変わることが必要だ。

私も含めて、人は同調圧力にとても弱いのだ。私は私が本当に結婚したいのかしたくないのか、パートナーがほしいのかほしくないのか、一人で過ごす毎日のほうが好きなのか好きじゃないのか、自分でもよくわからない。

自分のなかに、パートナーを「自分が寂しく思われないための道具」と考えてしまっている部分があるのは確かだ。人に対して、なんて失礼なことだろう。

昔は、好きな人と自由に結婚できず、相手は親に決められていたことが多いと思う。それは、今ある「結婚しなければいけない」という同調圧力とはちょっと違ったのではないか。だって、何もしなくても大体結婚しなくてはいけないことになるのだろうから。

どっちがいいとか悪いとかの問題ではなくて、現代の「結婚しないことを選ぶこともできるよね」というなかでの「でも結婚していないということは……」みたいなものが、私はとても気持ち悪く不健康な選択をしてしまっているように思えてしまう。

今、私にはパートナーがいるが、別れようと思うこともよくある。だけどその時に、

「寂しいから別れたくないな」と思うこの気持ちがあり、「私が寂しいから」なのか、「人に寂しいと思われそうだから」なのか、どちらなのだろう。どちらもあるのだろうけれど、後者が前者の気持ちを補強してしまっているような気がしてならない。

人と関わってこの社会でみんなで生きている以上、このような視線から完全に逃れられることは不可能だろう。私もこの自分の弱さと一生付き合っていかなければいけないと思う。だけど、自分でこの状態を把握していないよりははるかにましだとも思う。

自分の見栄のためではなく、純粋に人といたいと思ったり、一人でいたいと思ったりしたい。そう思い続けて都度、このみっともない自意識と向き合っていくことしか今の私にはできない。

海外では、シングルで生きる女性を描いたドラマや映画が多くみられるようになってきた。日本はまだやっぱり失恋しても次の恋をすることに繋がるような内容になっていて結局幸せ＝パートナーがいること、という価値観の作品が大きな割合を占めている。一人で生きていくことも一つの幸せだ、というような作品がもっと増えたら励まされるのだけど……。そんなドラマがまだあまりないならば、自分自身がそのロールモデルになり、私の手でそういった作品を生み出していけばいいのかな。頑張ろう。

専業主婦を「楽」と思うことの正体

私は商業高校出身だ。高校時代は自分の目に付く職業しか知らなかった。税理士、接客業、そして芸能人、その他は会社で簿記などの事務をする仕事くらいしか選択肢がなかった。

20代半ばまで、「労働とは、つまらないことだ」と思っていた。

学校に届いた求人票も、自分にとってはとてもつまらないものだらけに見えた。その頃は自分が文章を書く仕事につける可能性があるだなんて思いもしなかったし、女性の支援の仕事が存在するとも知らなかった。

母は専業主婦で、たまにパートに出るくらいだったし、父は18歳から定年までずっと同じ会社。それはとてもすごいことだと思うけど、逆にいろんな仕事に挑戦する人を身近で見たことがなかった。それに「女は最終的に専業主婦になればいいもんね」という社会からのメッセージも強烈で（実際に言われたことも多々ある）、「働かないほうがきっと幸せなんだろうな」「ということは働くということは大変で嫌なことなんだな」と思い込んでいた。

「女は困ったらキャバクラとか風俗で働けばいいから楽だよなぁ」と言われることもあった。実際、世の中の多くの人がキャバクラや風俗を「楽な仕事」だと思っているのだろう。そう言われるものだから、私もそうだと思っていた。私は18歳から25歳くらいまで、キャバクラやスナック、クラブ、ガールズバーなどでバイトしていた。

週五でがっつり働いた時期もあれば、仕事の合間に週に二回くらいお手伝いしに行く程度の時期もあった。

キャバクラは私にとって、本当に大変な仕事だった。向いていないのだと思う。まず知らない人と話すことが私は苦痛なのだ。

だけど、「キャバクラは楽な仕事だ」と洗脳されていた私は、そんな楽な仕事ですらこんなにできないなんて、人間として落ちこぼれなんだな、と思った。だから、それ以外の仕事ができるなんて思わなかった。なので、いわゆる昼の仕事に挑戦しようとは思えなかった。初対面の人と話すことを苦痛に思わないために、知らない人に心無いことやセクハラをされてもダメージを受けないために、お酒を飲んで心を麻痺させた。

でも、体調を崩して夜に働くことが難しくなってから、20代半ばくらいに昼間のバイトに変えた。

夜働いていた時は、当日になってどうしても行くのがしんどくなり、当日欠勤をして罰金を取られたり、働いても働いても変なお金の使い方をしてしまって全然貯金ができなかったり。そんな状態の私が昼間に働いて、通用するのか不安だった。時給も半分以下になる。そもそも生活していけるのか？

だけど始めてみたら、休みも遅刻もせず、褒められることも増えた。いや、むしろ私にとってはこっちの仕事のほうが楽というか……。ずっと、事務の仕事だったり、接客だったり、葬儀の仕事だったりいろいろとやってきたけど、一番大変だったのはキャバクラの仕事だった。私にとっては全然今の仕事のほうが精神的に楽だし、仕事内容としてもきっと自分に向いている。

結局、キャバクラで働いたこともなく、専業主婦になったこともない人が勝手に「楽な仕事だ」と決めつけて広めているんだな、と思った。

今はフリーランスで仕事を請け負いながらこうやって本を出版したり社会活動をしたり、講演会に呼んでもらったりしているわけだけど、やっぱりこれも私からしたらキャバクラの仕事よりも家事をすることよりも「楽」なのだ。楽というか、苦痛がない仕事だ。それに、こういう自分にとっての苦痛が少ない仕事で稼いだお金って本当に嬉しい！　大切に使おうと思える。キャバクラの時は、ストレスでとにかく無駄な使い方をした。パチンコやホストや無駄なタクシー移動、自分に喜びが残らないものに使ってしまった。

キャバクラや専業主婦が楽だと思う人ももちろんいるだろうし、やりがいを感じたり楽しいと思う人も当然いる。だけどそれは性別関係ないのではないか？　女性であろうと男性であろうと、自分の得意な仕事、苦手な仕事があるだろう。

こうやって女性が多く従事する仕事は楽であるとされ、きちんと賃金が払われないということがとても多い。「労働」としてみなされていないのだ。逆にキャバクラやセックスワークの賃金が高いのは、男性たちのしている仕事に女性は入ってこないでほしいからなのでは？　とも感じる。グラビアの仕事もかなり私としては精神的な負担が大きいものだったが、「女は水着になれるからいいよな」などと言われる。ならなくていいならなりたくなかったと思っている。脱ぎたくない時に脱げと求められた当時よりも、全然今のほうが「楽」だ。

適当に遊びのような気持ちでやっている、下手をすると露出して男性に見られることが好きだからやっていると思い込んでいる人もいる。そういう人もいればそうでない人もいるということは、少し考えればわかると思うのだけど……。

夫のお金で専業主婦の妻を「養ってあげている」のではなく、そもそも夫婦の共有財産なのだ。その対価がずっと無視されてきた。セックスワークに給付金を出さないなんて意味がわからない。いい加減、女のする仕事も「労働」だということを認識してほしい。

自分の顔が大嫌いだった

目は二重でぱっちり。鼻はすっとしていて、顔はしゅっとしていて、おっぱいは大きくてウエストはきゅっとしていて、お尻はぷりっとあがっていて脚は細くて長い。

これは、多くの人に共通する「美しい」とか「可愛い」の定義だと思う。

でも、いつから私は、目を大きくしたいと思って、いつから私は「身体は細いほうがいいに決まっている」と思うようになったんだろう。

いつから私は、自分のお腹が出ていることを「悪い」と判断するようになったんだろう。

いつから私は私のことを「ブス」だと思うようになって、いつから私は私の身体を「痩せなきゃいけない」と思うようになったんだろう。

いつから私は私に、「あんたみたいなブス、つらい目に遭っても仕方ないよ」なんて酷い言葉を投げかけるようになったんだろう……。

日本で暮らしていると、こういうことを考えているのは私だけではないような気がする。

自分の容姿に自信のない女の子が多いのではないか。

世の中を見渡すと、常に女性への「綺麗でいろ」という圧力で溢れている。ダイエット、脱毛、胸を大きくするサプリ、美容整形の広告。メディアには、美を売りとしているモデルさんだけではなく、伝えることが目的のアナウンサーさんやコメンテーター・知識人にも美しい女性が多い。街に出ると、接客をする女性はヒールを履いて「きちんと」以上に「美しく」脚を見せている。労働の場なのに、生まれたままの顔で働いている女性は少ない。みな、「清潔感を保つ」以上に顔に化粧品という化学物質を塗って「美しく」見せている。

女性は常に、「そのままのあなたではだめですよ」というメッセージを受け取っている。少なくとも、私はそうだった。

自分の好きなものを食べて出来上がった体型じゃだめ、生まれたままの顔じゃだめ、自然に生える毛をそのまま生やしていたらだめ。女性がありのままの自分でいようとすると、どこからともなく「女を捨てている」と言われてしまう。誰かが「どうやったら女を捨てられるんだよ！　捨てたくても捨てられんわ！」とブチギレていた気がする。本当にそう思うし、なんでありのままの女の姿が女を捨てることになるのか、まったく理解ができない。それってそもそもの「女」の定義がおかしくないか？

こんな呪いを解くヒントが、私が過去にあてられた言葉にあった。「ゆみちゃんって、平安時代に生まれてたら美女だったよね」。私の顔は平安時代顔らしい。「いやいや、とはいえ今平安時代じゃないから全然無意味なんですけど」と当時はなんだかムカつきもした言葉だったけど、ちょっと考えてみよう。今と平安時代では、「美の基準」が違うということか。ということは、美の基準というのは普遍的なものではないということか。

ということは、「目は二重でぱっちり。鼻はすっとしていて、顔はしゅっとしていて、おっぱいは大きくてウエストはきゅっとしていて、お尻はぷりっとあがっていて脚は細くて長い」という美の基準、もしかしたら変わる日が来るかもしれないのかな？　そんなことを考え始めている。

そして、そうやってあらためて世界中を見渡してみると、「どんなあなたでも美しい」という新しい美の価値観が生まれつつあるのだった。

たとえばプラスサイズモデルさんの存在。これまでびっくりするくらい細い人しかなれなかったモデルさんに、太っている人がなる時代がやってきたのだ。私的には従来の細いモデルさんは相変わらず素敵に見えて、プラスサイズモデルさんは迫力があってばーん！としていてとてもかっこいい！　と思うようになったのだけど、その中間の「私サイズモデル」がいないのが不満なところ。でも、きっと今後いろんなサイズの人がモデルになっていくんだろう。

いろんなサイズの人、いろんな顔の人がモデルとして「美しい」とされることが当たり前になった時、私たちはきっとありのままの自分を責めなくてもよくなるのだと思う。

そんなふうに「美の基準が多様になったらいいな」と思って、Instagram で脇毛の生えた写真や、自分のぽっこりしているお腹を投稿するようになった。すると、「安心しました」というコメントがもらえる。やっぱり不安に思っている人が多いということなのだろう。そういうコメントがもらえることで、私自身も「この身体でよかったんだな」と思えるので、セルフケアにもなっている。win-win の関係なのだ。

それにしても、三〇年ほどの時間でかけられた呪いを解くことは容易ではない。気がつくと自分のぽっこりお腹を責め、ご飯を食べる時はカロリー計算、すっぴんで出かける時はなんだか申し訳ない気持ちになってしまう。そんなふうに自分を責めそうになったら、「そのままの私でいいよ」と声をかけている。そしてさらに、それをパートナーにも言わせている。自分一人の力じゃこの呪いはなかなか解けないので、人の力も借りるのだ。パートナーの目につくところに「今日も可愛いよ、お腹出てるのも可愛いよ、顔が丸くて可愛いよと言いましょう」と紙に書いて貼ってある。これをいかに自然に言えるかがパートナーの腕の見せどころなのだが、いつも「あっ」とか言ってから言い出すのでなかなか習慣にするのは難しいのだろう。でもおかげで、少しずつ自分の身体を責めることはなくなってきた。友達が遊びに来た時にその紙を貼り出したままで気まずかったけど。

好きな人に嫌われたくないから太りたくない、化粧をする、という人もいるだろう。でも、太った自分もすっぴんの自分も好きになってもらえるほうがよくないか？　それに、楽しく身体作りをしたり、楽しくメイクをしたりするには、「しなければいけないからする」という強迫観念からではなくて「自分がしたいタイミングでする」ことが、心身ともに健康のため大切だと思う。

体型のことを気にせず好きなものを食べ、自分の顔に罪悪感を持つことなく毎日を生きることができたら、どんなに楽だろう。どんなに幸せだろう。

今もまだ、この呪いから完全には解かれていない。呪いに取り込まれそうになったら少し立ち止まって、自分の身体をぎゅっと抱きしめてあげることを心がけている。それだけで少し心が緩んで、「私は私のままでいいよね」と思い直してあげられるのだ。

自分の「嫌」を大切に扱う

「自分を大切にしましょう」。言葉だけなら、物心がついてから今日までずっと聞き続けてきた。でも、私はこれが全然できていなかった。表面上だけわかったふりをしていたけど、自分を大切にすることを実行していなかった。

高校生の時、私は性暴力にあった。当時は気がつかなかったけど、今考えたらあれはレイプだった。コンビニで売っている情報誌に載っている、高校生可のアルバイト。マッサージ店のティッシュ配りだった。そのマッサージ店で人が足りないということで、私もお手伝いすることになった。マンションの個室で個人経営のマッサージ店。今考えれば、「そういうお店」なんだろう。でも、当時の私はまったく知識がなかった。雑誌に正式に載っている職場で、そんなことがあるなんて思いもしなかった。マッサージをしている最中に服を脱がされ、挿入され、三〇〇〇円を渡された。最中、時が止まっているように思えた。何が起こっているかわからなくて、フリーズしていた。「抵抗しなきゃ」とか、「嫌だ」とか、そういうものに思い至らなかった。終わったあとにやっと泣いた。

そのあと、店長とその客はベランダでなにやら普通に話していた。店長は怒るでもない。客は帰り、店長は私に「あの子はそういう子じゃないからって伝えておいたから」と言った。混乱したのだけど、店長のこの反応を見て「あ、これは泣いていた私側がおかしいんだな」と思った。何か大したことがあったわけではない。きっとよくあることだし、悲しんだり気持ち悪がったり、大騒ぎするようなことではない。そう思って、その話は誰にもせず、もちろん親にもせず、私自身も何事もなかったかのようにいつもの日常を過ごした。まさか警察に行くような案件だとは、当時は微塵も思えなかった。

だけど、この日から変わったことがある。それは、私から生まれる私の気持ちを完全に無視するようになったということと、私の身体のことを決める権利が自分にはないと思うようになったことだ。特に何か嫌なことがあった時は、そんなふうに思う私がおかしいんだと思うようになった。ここから28歳くらいまで、私は何かを決める時に自分の思いではなく人の言うことを聞かなければいけないと信じ、様々な自己決定権を放棄してきた。グラビアの仕事もその一つだ。私の身体をどう扱うか、私が決めていいものではないと思ってしまった。それは空気を読んでいた、といえばいいことのように思えるが、私が私の気持ちをガン無視していたわけなので、私はこの約一〇年のことを思い出しても、その思い出たちには色がまったくついていない。ずっと苦しかったけど、一体何に苦しんでいるのかもわからない、そんな日々だった。

そんな私に、大きな転機がおとずれた。28歳の時に、当時の人生最大の恋愛をしたのだ（なお、私の人生では最新の恋愛がいつも人生最大の恋愛である）。

どうしてもその恋を叶えたかった私は、とにかくネットで「恋愛　うまくいくには」とググりまくった。すると出てくるのは、「自分のことを好きになること」「自分のことを可愛いと思うこと」「自分のことを大切にすること」だった。

それらは自分にとって、とてつもなく難しいことだった。自分のことを大切にするって、具体的になに？　どういうこと？　可愛いって思え？　この中途半端な顔のどこを？　テレビを見ても雑誌を見ても、美しいとされる人たちは私とはまったく違う。私のような人が美しいとされているところを見たことがない。なのに自分を可愛いと思えだと？　そんな無茶な。恋を叶えることよりも、そっちのほうが難しく感じた。

でも、そうならないとこの恋が叶わないというならば仕方ない。やるしかない。具体的にはどんなことをしたらいいか、調べまくった。そしたら、鏡に向かって「今日も可愛いね」と言ってあげる、なんて書いてあった。ひゃー。無理！　いや、でも何度でも言うがこの恋を叶えるためには仕方がない。言ってみた！「きょっ今日も可愛いいですね」。

なぜか敬語になってしまった。でもそれも当然のことかもしれない。私に話しかけるなんて初めての試みだ。初めましてなら敬語が礼儀なのではないか。

とても恥ずかしかったけど、言ってみたらなんとも言えないくらい嬉しい気持ちになった。多分、世の中で私が誰よりも私のことを醜いと思っていたのだと思う。

そして、「自分の心の声を聞いてあげる」ということも書いてあった。自分の心の声。私が高校生のあの日から、ずっと無視してきた声だ。それらを一個一個、丁寧に拾い上げる。「湯船に浸かって気持ちよかった」とか、「お饅頭って本当に美味しいなぁ」とか、「月ってキレイだなぁ」という私が喜ぶ気持ち、そして「知らない人に触られたら気持ち悪いな」とか、「仕事の人に誘われたらうまく断るのがしんどいな」とか、自分のなかにずっと溜め込んできたたくさんの「嫌」という気持ち。見つけようとして見ていくと、それらがたくさん溢れ出てきてびっくりした。「あぁ、私、嫌って思ってたんだね」、そんなふうに自分に声をかけた。

そういうことを丁寧に少しずつやっていくなかで、私は高校生の時のあの出来事を、やっと「嫌だった」と認識することができた。動けないくらいショックだった、傷を負った、悲しかったし侮辱的だった。でも、そうではないふりをしてきた。そうしないと、生きていくことができなかったのだと思う。

それを認めたら、少しだけ心が軽くなった。もちろん今でも思い出して苦しい日もある。それでも、あの時の気持ちにふたをして生きていた時よりはまだましだ。

それから、私はこの件に関して自分が怒ってあげたり、性暴力について調べて当時の自分は何も悪くないんだと学んだり、思い出してしんどい気持ちになったら心療内科に行ったり信頼できる友達に吐き出したり、というセルフケアを継続的に続けている。これは、自分が自分の気持ちに気がついたからこそできることだ。

何かに対して「嫌だな」と思ったら、それ自体を避けることはできなくても自分だけは嫌だと感じたということを知っていてあげる。そして、自分が自分に「無理しないでね」「頑張ったね」と声をかけてあげたり、自分が喜ぶことをしてあげたりする。ヨガをして自分を見つめる時間を作ること、自分のお気に入りのお香をたくこと、お花を飾ること、おいしいお酒とご飯を食べに行くことも、自分の心が癒されるからしてあげる。そうやって、自分のことを大切な親友のように扱ってあげる。自分の望みを叶えてあげる。

自分を大切にすること、それは私にとって、自分のことをきちんと自分がすべて受け止めてあげることだ。生まれた気持ちを全部きちんと自分が見てあげる。無視はしない。できる限りの対処をする。そうやって自分にケアされた私は、今他人のことにも目が向くようになり、「自分だけではなく誰もが生きやすい世界になったらいいな」と思う。

あの時人生最大の恋をした彼とは付き合えなかった（しかも数年前に結婚したと風の噂で聞いた。ショック！　泣）。でも、あれがなかったら私は私と向き合うことなく今日まで生きてきてしまったかもしれない。そう思うとその彼に感謝だし、何より当時頑張ってその恋を叶えようと全力を尽くした自分にもありがとうと心から言いたい。

後悔と満足の絶妙なバランスで生きて死にたい！

誰もが必ず迎える「死」。私以外の人は、死についてどう考えているんだろう。

誰もが必ず、例外なく迎えるものなのに、あまり自分たちが死ぬことについて話さないのはなんでだろう。これはセックスに関しても同じことを思う。人生のなかでかなり大きな出来事なのに、みんなであまり情報交換をしないし、議論もこれまであまりしてこなかった。最近やっと性教育などが活発になってきて、テレビなどで取り上げられるようになったけれど、それもここ四、五年くらいな気がする。

#KuToo運動を始めた時、私は葬儀会社で働いていた。アルバイトでたった一年くらいのものだったけれど、人の葬儀のお手伝いをした。死をより身近なものに考えるようになった。毎日のように亡くなった人を目の前にし、「私も絶対にいつか死ぬんだな」、という気持ちを常に持つようになった。

それまでだって、いつか自分が死ぬことくらいもちろんわかっていた。だけど、どこかで他人事だった。わかっているはずなのに、一方で自分だけはいつまでも死なないんじゃないか、なんて思っていたような気もする。そんなわけ、絶対にないのに。

葬儀の仕事をするようになってから、自分が死ぬ時のことを本気で考えるようになった。というか、「いつ自分が死ぬかわからない」ということをすごく意識するようになった。今この原稿を書いている瞬間に死ぬことだって全然あり得るのだ。常に自分の人生が終わる可能性がある。その事実は、私が生きていくうえでとても大きな土台のようにどっしり私のなかに構えることになった。

それによって、私はやっぱり死ぬまでに自分の望むことを絶対に成し遂げたいと思った。最期に後悔して死にたくない。めちゃくちゃ大きな目標だが、死ぬ時にはジェンダー平等が達成されていてほしい。だから、「あの時きちんと怒っておけばよかったな」とか、「もっとジェンダーのこと、フェミニズムのこと、発信していればよかったな」って思いながら死ぬのなんて、想像しただけで悔しすぎる。だから、私は今なるべく思ったように思った方法で発信をしている。

実は、一つツイートするだけでも緊張するのだ。こんなこと言ったらまた炎上するかもしれない、誹謗中傷がひどくなるかもしれない。だけど、それよりもやっぱり死ぬ時後悔したくない気持ちが打ち勝つようになった。

そしてもう一つ、逆のことのように思えるけれど、同時に「今の自分に満足しておく」ということも意識するようになった。多分、いくらやりたいことをやったって死ぬ時にやり足りないと思うことがいくらでもある気がするのだ。それこそ、本当に今この瞬間死んでしまったら、まだまだやり切れてないことはたくさんあるのだから後悔だらけだ。だけど、それでもいい。今できることはやっているのだから、ある種の諦めも必要だ。

フェミニズムに関する発信・活動をしていると、社会はまだこんなところか、こんなに曲解されて伝わってしまうのか、いまだにフェミニストはモテない奴の僻みだとか言ってる人がこんなに多いのか、痴漢が性暴力だとわからない人がこんなにいるのか……と、絶望することが本当に多い。でも、絶対に今私たちがしていることは無駄じゃない。絶対に、だ。きちんと今ここで出している成果に、私たち自身が満足することが活動を続けていくコツだと思う。一見小さなことでも、コツコツ積み重ねることが大切だ。そう思っているから、私は今この瞬間に死ぬとしても、ある程度自分を褒めて最期を迎えることができると思う。

いつか死んだ時に後悔しないように。今この瞬間に死ぬとしても満足して死ねるように。この二つが私のなかに鎮座して、今の私の日々の行動は決められている。この一見逆のような二つがとてもいいバランスを取ってくれて、途方もなく感じるジェンダー平等への道を目指す活動に私は絶望することなく、希望を持って発信を続けることができる。

問題がないのに非を認められるか！

二〇二一年五月二六日、私は東京地裁にいた。二〇一九年に出版した『#KuToo：靴から考える本気のフェミニズム』が、著作権法に違反しているとして、出版社と共に訴えられていたのだ。

この本では、#KuToo運動が起こってから私や#KuTooに対するたくさんの的外れな批判・誹謗中傷ツイートを実際に書籍内で引用し、「#KuTooバックラッシュ実録　140字の闘い」として収録した。

この本が発売されてからほどなくして、Twitterやネットの記事で「著作権法に違反しているのではないか」という噂が流れ始めた。本を作る際に、当然著作権の専門家にも逐一確認をし、引用に問題がないことは明らかだった。

しかし、「Twitter内で弁護士や著作権の専門家を名乗る人間が、「この本は著作権法に違反している」と言い広めた。それをたくさんの人が信じた。「弁護士が言っているのだからそうだろう」と。

引用とは、基本的に無断でしてもいいものだ。きちんと出典を書いて、どこまでが引用でどこからが自分の文章かきちんとわかること、そしてそれに対して引用者の批評があること、それを守っていれば他人の著作物を使うことができる。それが引用というものだ。

しかし、Twitter上の著作権に関して詳しくない人たちは、あたかも引用には必ず許可がいるかのように「無断引用した」と私を責め立てた。著作権法上、適法で引用が認められるためには、著作権者への断りが必要だとでも言うように。そんなことはなく、私は著作権法上必要な要件はきちんと満たして引用したのに。ウェブメディアでは「現代書館、石川優実さんの書籍『KuToo』を巡る『捏造』批判に反論　『クソリプ』掲載はあくまで『引用』『原文のまま』」（https://nlab.itmedia.co.jp/nl/articles/1911/30/news035.html）といった記事が掲載された。記事内では、問題があるかのような書き方で終わっている。

さらに引用されたツイート主から本の回収と販売停止、および宣伝の停止を求める署名を起こされた。私や出版社の元にも本の販売を止めること、謝罪しろなどというクレームがたくさん入った。何かの仕事をするたびに「この本って大丈夫なんですか?」と疑いの目で見られた。YouTubeの動画をアップする際や、私が何かツイートをするたびに「著作権を侵害したことについてどう思っているんだ」というコメントが常にたくさんついた。

出版社からは引用要件を満たしている、という声明を二回も出した。それでもネット上の噂は一向になくならなかった。

二〇二〇年八月三日、本の回収を求めたツイート主から訴訟を起こされた。その判決が二〇二一年五月二六日に出たのだ。

結果は私の全面勝訴。原告の請求はすべて却下。一つも認められなかった。ただの一つも、だ(原告は控訴したが)。

つまり、私が出版した本は法的に何の問題もなかったのだ。にもかかわらず、一年半にわたってずっと「違法だ」と言われてきたのだ。

この件でとてももどかしかったのは、まともな人ほど簡単に「問題ないよ」とは言えないところだ。著作権や引用に詳しくなくて、まともな人はこの件について触れられない。

なぜなら自分に知識がないから、無責任なことを言えないと考えるのだ。しかしその逆で、私を悪者にしたい人たちは簡単に「問題がある」と言い拡散した。結果、ネット上には「石川が著作権を侵害した」という言説だけが広まって、それに対して抗議する声は広まらなかったのだ。

私の件は裁判になり、こうやって結果が出たから、まだよかった。もちろん勝ったところで私には一円も入らないし、時間や弁護士費用はこちらが負担するので「まだ」よかっただけだ。しかし、裁判が起こっていなかったら私は死ぬまで「違法な行為をした女だ」と言われ続けただろう。いや、死んでからも言われ続けることになったのかもしれない。

こうやって判決は出たけれど、一度ついた本や私の印象は回復しきれないだろう。ただ私の本が気に入らないのはいい。そう書いてもらって全然かまわない。しかし、嫌いだ・気に入らないということとこの本は違法だということとは話が別物だろう。

判決が出るまで、私は絶望していた。初めて出版した本を嫌いになりそうだったし、編集者さんのこともどこかで疑うような気持ちになってしまっていた。私を応援している人も、判決が出るまでは本当に私が悪いことをしていないのか、確信が持てなかったと思う。

裁判が始まってからもう結果が出ているかのように、知らない人に責められたこともあった。それに、この本についた印象は一生回復できないのだと思うと、本当に死んでしまいたいと思ったこともある。

もしこの件が裁判にならず、謝罪したり、本を回収したりしていたら、問題がなかったのに非を認めたことになる。もしかしたら、これまでそうやって黙らされてきた人たちがいたのではないか？　こうやってフェイクを広められ、印象操作をされた人たちがいたのではないか？


「フェミニスト」というものの印象はずっとこうやって作られてきたのではないか、と思う。私が実際に自分の目で見て、自分と話して聞いたフェミニストに対する印象は、世間一般に溢れているフェミニストの印象とはまったく違うものだからだ。

今の私やフェミニストがやっていることは、これから何十年、いや、私たちが死んだあとの人たちが評価することかもしれない。実際、過去のフェミニストたちだってそうだ。しかし、私は生きているうちにきちんと曲解されていない本当の自分を知ってもらいたい。そのうえで私やフェミニズムを評価してもらいたい。

なんとなく自分のなかで悪い印象を持っているものを、あらためて問い直してみてほしい。そして、本当にそれが悪いことをしているのか、を自分の目と耳で確認してほしい。

知らない人に私がやってもいないこと、言ってもいないこと、思ってもいないことで責められる散々な毎日はこりごりだ。

「あなたのためを思って」が私のためだったことがない

「善意」という言葉が大嫌いだ。善意の名のもとにこっちの気持ちなどまったくおかまいなしに頼んでもいない「アドバイス」をしてくる人が多すぎるからだ。

これは私がフェミニストとしての活動を始める前からずっとある。

グラビアの仕事をしている時も、よかれと思って私の行動にあーだこーだ言ってくる人がたくさんいた。「こういう仕事は受けるべきだ」とか、「私生活のことは話さないほうがいい」とか、「こういう仕事は断るべきだ」とか。いやいやお前マネージャーかなんか？当然だけどみんながみんな好き勝手言ってくるのですべてを聞くことなんてできるわけがない。

なのにその人の言う通りにならなかった時は「人の意見を聞かないやつ」と言われる。揃いも揃って「あなたのためを思って」と言ってくる。しかしそういう人は、言うことを聞いて失敗した時に責任を取ってくれるのかと言ったらそんなわけがない。言いたいだけ言ってその後は放置。それって本当に「あなたのためを思って」なのか、単に自分の言うことを聞かせたいだけなのかどちらなのだろう。

#KuToo の運動を始めてからも、そういうことは多々あった。Twitter 上に溢れたたくさんのデマや曲解されたツイート。これらを放置することは絶対によくないと私は思ったので、見つける限り反論していた。反論がないとデマを真実のように信じてしまう人が出てくると思ったからだ。そんな時、知人から「私だったら Twitter する暇があったら本読んで勉強するな。ライターとして活動していきたいなら。○○さんも同じように言ってたよ」というＬＩＮＥがきた。これも知人の「善意」なのだろう。まったく求めていない「善意」だったわけだが。

私は「ライターになりたいけどどうすればいいのかな?」なんて相談したこともない。活動のなかで本や記事を書くことはあっても、それはあくまでアクティビスト・フェミニストとしての活動の一環として、だ。Twitter しながらでも本は読んでいたし、そもそも先ほど書いたような目的があって Twitter を利用しているのに。知人としては私の今後のライター人生とやらをライターの先輩として「アドバイス」してくれたのだろう。でも、私がこの知人の言うことを聞いて Twitter をやめていたら、Twitter 上での闘いを収録した『#KuToo：靴から考える本気のフェミニズム』は出版できなかっただろうし、今取り組んでいるSNS上でのハラスメントの問題が取り上げられるのにもっと時間がかかったかもしれない。

こういった「善意からのアドバイス」の一番厄介なところは、「善意なのに！」と言い訳ができるところだ。こっちからしたら善意からだろうと悪意からだろうと、されることは一緒なのでマジでどっちでもいい。だけど、「悪意はないんだから」を言い訳・理由として遠慮なくやってこられるので、私からしたら善意のほうがうっとうしい。

基本的に、頼まれてもいない人にアドバイスなんてするものではない。もちろん心のなかで「このやり方よりあっちのほうがいいのではないか」と他者に対して思うことは誰でもあるだろう。しかし、その人がどういったやり方を選ぶのか、は本人が決めることなのだ。アドバイスをして「こっちのほうがいいよ」と変えさせようとする人は、心のどこかで「自分の思うやり方のほうがうまくいくに決まっている」というふうに相手を見下しているからできてしまうのだ。そんなのは結果が出てみないとわからないにもかかわらず。

本人が何を求めているか、も他者が決めるべきではない。「だってお金になったほうがいいでしょう?」「だって賛同者が多いほうがいいでしょう?」「だって本が出せたほうがいいでしょう?」。これらはその人はそう思うかもしれないがすべての人がそう思っているわけではないかもしれない。お金よりも賛同よりも本を出すことよりも、もっと大切にすることがあると思いながら活動している人だっている。

#KuToo運動だってそう。私にとって大切なのは、お金になることよりも賛同者を多く集めることよりも本を出すことよりも「女性差別があるということをより多くの人にお知らせすること」なのだ。それを曲げてお金になっても賛同者が増えても意味がない、と運動を始めた私が考えている。この運動は私が始めたものなので、私が進めていく。それを変えさせたいならば自分で違う運動を立ち上げればいい。

多くのフェミニストは、私の活動を黙って見守っていてくれた。なかには「このやり方はちょっと」と思った人もいるだろう。しかし、この運動は私が立ち上げたものだ、ということを理解してくれているのだと思う。これまで女性運動をずっとやってきた大先輩ほど、ごちゃごちゃアドバイスなんてしてこない。そして、こちらが助けを求めた時はとっても温かく迎えてくれる。

自戒を込めたい。他者の運動にいきなり頼まれてもいないのに「アドバイス」しないように気をつけよう。本当にその人のことを思うなら、余計な口出しをするのはやめよう。善意の名のもとに自分の思うように相手をコントロールしようとすることはやめて、もっと「自分のこと」を一生懸命考えるのに時間を使いたい。

自分を責めることをやめたら幸せになった

他人にされたことについて許すのか許さないのか、他人に許すことを強要するのはよくないとか、そういう話を聞くことがある。

私は、他人ではなくその矢印を自分に向けてみようと思う。

ずっと自分のことを許せなかった。自分をいつもいつも責めていた。自分を許してくれる人がいるようには思えなかったからだ。社会全体は自己責任論が当然のようになっているし、自分ができないことについて「それでもいいよ」なんて言われたことがなかった。

私が自分を許せなかった多くのことは、「女性である」ことに起因していたと思う。美女に生まれてこなかった自分。可愛くないから男の人に大切にされないし、本当は水着になりたくなくてもならないといけないし、許可していない露出のＤＶＤが発売されてしまっても仕方がないし、結婚もできない。なかなか理想的な体型になれない自分。食事制限も筋トレもうまくいかない、お酒も我慢できずに飲んでしまう。

男の人が気に入るような女になれない自分。うまくてのひらで転がすとか、相手のプライドを傷つけないようにいい気分にさせてあげるということが全然できず、すぐに喧嘩になってしまう。

そんなダメ人間の私を、私はいつもいつも心のなかでいじめていた。許すことができなかった。許せるわけがない。だって、私が私だから人生がまったくうまくいかないのだ。もっと顔が可愛ければ、もっと痩せていれば、もっと意思が強ければ、もっと面白い人間だったら、もっとみんなに好かれる人間だったら。そんな人とはかけ離れすぎている自分。すごく嫌いで、なんでこんな自分で生まれてきたんだろう、といつも憎んでいた。

そんな自分でいると、なんにもうまくいかなかった。何をするにも「誰かに好かれること」が目的になってしまって、なんだか本質が見えない。薄っぺらい人間だったと思う。でも、ある恋愛でそれを叶えるならばどうしても自分を好きにならないといけないという状況になった。自分を好きになるには、自分のことを許してあげないといけなかった。

そこからは心のトレーニングが始まった。これまで当たり前のように何をしても自分を責めて、褒めてあげたことのない私にとって、本当に難しいことだった。少し気を抜くとすぐにいつもの自分が私に対していじわる～な言葉を投げかけてくる。「本当にだめなやつだな、お前は」と。本当にナチュラルに、当たり前のように。

なのでそれに対して「いやいや、もう責めるのやめて」とその都度考え直していく。

そして、少しそれに慣れてくると、なんとなく恐怖がやってくるのだ。

「あれっ、私今自分を責めてない、本当にこれでいいのか?」と不安が襲ってきた。おかしな話だが、私はどこかで自分を責めることで安心していたのかもしれない。「自分で自分を責めてるんだからもういいでしょ、許してよ」と。こんなふうに、当時の自分はなんだかとってもこじれていた。

その恐怖や不安を乗り越えて、今はあまり以前ほど自分を責めなくなった。でもそれは、決して自分が可愛くなったり痩せたり面白くなったり、何かをできるようになったからではない。私は変わらず私のまま。ダメ人間な私のまま。

だけど自分を責めなくなったことで、とにかく生きるのが楽になった。それに、いろんなことがうまくいくようになった。

自分のことを許せなかった時の「誰かに好かれるため、責められないため」の行動が変わったのだと思う。今は、もちろんそれがゼロになったわけではないけれど、「自分が何をしたいか」をできるだけ最優先して行動することができるようになった。だから何をしていても楽しいし、充実感がある。

私たち女性は、社会から責められることが多いように思う。私のように容姿についてもだし、男性から好かれない時もだし、結婚にしても育児にしても、何をしてもいつも怒られている。性暴力にあった時すら責められる。

だからせめて自分くらいは、そのままの自分を許してあげられる自分でいたいと思う。これは本当に難しいことだ。一歩外に出ると「社会が求める理想の女性像」から外れた時、ものすごく責められる。いつでもそっちに引っ張られそうになる。

何をするにも地道な努力は必要だ。努力は自分のためになる方向に使いたい。自分を許してあげるトレーニングを続けている。この努力は裏切らない。続ければ続けるほど、自分を許すことが上手になるはずだ。自分を許せる自分になった時、私は私と本当の友達になれた気がした。今までいじめてきて、本当にごめんなさい。こんな私を、私は許してくれるだろうか。

フェミニズム視点から依存症を考えてみた

普段読む本のジャンルは、今はもっぱらフェミニズム本が多い。そのなかに少し紛れているのが、「依存症」に関する本だ。

私は人よりもいろんなものに依存してきたなと、つくづく思う。タバコ、ギャンブル、お酒。とりあえず依存症の代表のようなこの三つにはかなり苦労してきた。

タバコは高校生の頃から吸っていた。24歳くらいから本格的にやめて、舞台出演のプレッシャーでまた吸い始めたのが28歳の頃。またやめて二、三年ほど一本も吸っていないが、ここまで来るのに禁煙外来に行くなど、お金も時間もけっこう使った。

高校を卒業してすぐに付き合った人がギャンブル好きで、一緒にパチンコやスロットに行くようになった。本当にあり得ない話なのだが、家賃や必要な支払いをするためにお金を作ろうとしてパチンコ屋に行っていた。お金がないからパチンコ屋に行くしかない、みたいなおかしなループに取り込まれていた。

冷静になって考えたらお金がないわけでは全然ない。普通にアルバイトもしていたし、特別何かの支払いに追われている、という状態でもない。でも、お給料をもらった瞬間になぜか「これだけじゃ全然足りない」と思ってしまって、「だったらパチンコに行って増やすしかない」と思ってしまう。半ば強迫観念に迫られて行ってしまうのだ。勝てばいいが、負けたら当然一カ月頑張って働いたお金が二、三日でパーになる。負けてすっからかんになった帰りは本当に罪悪感でいっぱいで、「私は一体何をしているんだろう」と死にたくなる。でも、次にお金が入ると同じようにまた増やさなければ、と思ってパチンコ店に向かってしまう。「行かなければ普通の生活ができるのに」という気持ちのままパチンコを打ちに行く。ずっと大きな矛盾が生じていたのだ。

いろんなものに依存している時、何が一番苦しかったかって、タバコを吸ってしまうことやパチンコ屋に行ってしまうこと、お酒を飲んでしまうこと自体よりも、「自分が自分を責めてしまうこと」だった。どれもやめようとしてうまくいかないと、「なんて意志の弱い人間なんだ」とか、「本当にダメ人間だ」とか、「だらしない人間だ」とか、とにかく自分が自分に対して総攻撃を始める。人に話したら同じことを言われるだろうから、人にも相談できない。やめられなくて助けてほしい、なんて言えない。どうせ責められて終わりだ。そう思ってしまう。

だけど依存症の本を読んでいて知ったのは、この「自分を責めてしまうこと」がとてもよくない、ということだ。自分を責めることによってまた自分に大きなストレスを与えてしまう。そのストレスによって、またタバコを吸ったりお酒を飲んだりギャンブルをしてしまうのだ。そしてまた自分を責める、という無限ループ。

私はこの「自分を責めること」をある程度やめることができたから、いろんな依存症から抜け出しつつあるのではないか、と思っている。

そして、なぜ自分を責めることをやめられるようになってきたかというと、やっぱりフェミニズムに出会ったから、だと思うのだ。

フェミニズムは、「これは本当に自己責任なのか、それとも社会の構造に問題があるのではないか」と問い直すことができる。

たとえばフェミニズムを知った人が「セクハラや性暴力に遭うのは自分が悪いとずっと思っていたけれど、そうじゃないということを知ることができました」という話をすることはとても多い。#KuTooだって、「いいパンプスを買えない自分が悪いと思っていました」という人が本当に多かったし、自分だってそうだった。

でも、これらも自分が悪いと自分を責めていても問題は解決しないのだ。だって、悪いのはセクハラや性暴力をする人だし、女性にだけパンプスを義務付ける社会の慣習だ。責任がどこにあるのかがわかって初めて問題解決に向かうことができる。依存症も、これらに似ていると感じる。

だから私は、やめたいと思っていることをしてしまった時は、できる限り自分を責めることをやめている。それでも自分のなかに深く根付いた自己責任論を一夜にして振り払うことは難しいので苦労はする。だが、「あー、今日もお酒を飲んでしまった。本当に私はダメ人間だなって思うけど、こうやって思ってしまうのも社会にはびこる自己責任論がこれまで多かったことが影響しているし、そもそもお酒自体に依存性があるのだから私がお酒に依存してしまうのはある意味当たり前なので、諦めてまた今から飲まないように頑張ろう。私は悪くないよ！」と思い直してあげる。

自己責任論を強く支持している人には「他人や社会のせいにばかりして、被害者ぶっているやつだ」と言われるかもしれない。だけど、私の場合はこっちのほうが依存症の克服に実際につながっているのだ。自分を責めたところで依存症から抜け出せないのなら、心のなかでくらい自分に甘くて全然問題ないだろう。

こういう考え方になってから、私はタバコとギャンブルからは完全に足を洗うことができた。お酒はまだ飲んでしまうことはあるけれど、最近は月に二、三回のペースにまで落とせている。以前の自分からしたらかなりの進歩だ。

生活に支障が出るほど何かに依存してしまっている人は、どうか自分のことを大切にしてあげてほしい。その原因は意志が弱いからとかではなくて、自分に気がつかないところでストレスが溜まっているから、かもしれないから。

脳性まひの障がいを持つ小児科医・熊谷晋一郎さんの、「自立とは依存先を増やすことだ」という言葉がある。

いろいろなものに依存している時、私はいつも「きちんと自立しなければ」と思っていた。誰にも頼らず、一人で生きていけるような自分にならなければ、と。そうした思いから、助けてほしいと言葉にできなかった。だけど、本当の自立とは自分が弱いこと、自分一人では生きていけないことを認めて、適切に人に頼ることができることを指すのだと思う。

私は意志が弱々の人間なので、またいつでもギャンブル依存症状態やタバコをめっちゃ吸うような状態に戻ってしまうかもしれない。だけど、当時と確実に違うのは、そうなったら友達に対してやTwitterなどで「やべーから誰か助けて！」と言えるところだ。そうやって、誰かの力を借りてまたイチからやり直すことができると思う。

どうか、もし今悩んでいる人がいたら、依存してしまう自分を情けないなどと思わないでほしい。他人や医療施設、本などに頼ってほしい。一見それがみっともない行為に思えたとしても、本当に自分を救ってあげられるのはそういったことだと思う。努力の方向を変えてみてほしい。どうか勇気を出して、助けてと言ってみてほしい。

『人形の家』には家父長制が横たわる

ヘンリック・イプセンの『人形の家』を読んだ。前情報なく本をめくったので、まず初めにびっくりしたのが戯曲だったことだ。久しぶりの戯曲。最後に自分が舞台に立ったのはもう何年前だろう。六年前くらいだろうか。#MeTooの告白をする時に、もう役者はできないと覚悟を決めた。それ以来芝居はしていない。

小説と違って、戯曲はほぼ会話のみ。どんな顔をしながら、どんなことを考えながら、どんな動きをしながらこのセリフを言ったのか。そんなことを自分なりに想像する作業に久しぶりに触れた。

一回パラパラと読んだ全体の印象は、そんなに特別な話ではない。夫に人形のように扱われていた妻が自分の意思に気づき、夫と子どもを置いて家を出る。簡単に言ってしまうとそういう話。よくある光景だ。だけど、この話は一八七九年、今から百四十年以上も前の話なのだ。フェミニズムの歴史について調べると、「今も昔も、海外も国内もあんま変わんねぇなぁ」というのがよく抱く感想なのだけれど、この本も同じだった。だけど、こういった話を百四十年前に作り出したイプセンは、やっぱりすごいなと思う。それに、この物語がこうやって今に語り継がれ上演もされるのだから、やはり嬉しいことでもある。

シンプルな物語のように思えるが、この話は現代の日本の夫婦間にも強く残る家父長制をわかりやすく表していると思う。妻のノーラは夫のヘルメルに愛されて、一見とても幸せに見える。だけど、フェミニズムを学んだ人間がこの戯曲を読むと、ヘルメルの発言にはいちいち「うっ」と思わされるだろう。妻のことをリスや小鳥にたとえ、まるでペットのように扱う。それでもそれを本気で「愛している」と思い、本気で「愛されているから幸せだ」と思い込んでいる妻ノーラ。「あなたの助けなしじゃ何もできない」なんて言いながら……。

しかし本当のところ、ノーラはできる女なのだ。夫が身体を壊した時、お金を用意して、夫の命を救った。しかし、夫のプライドを傷つけないよう、連帯保証人の父のサインを偽造したのだ。夫にはそれを隠して。

この事実を知った夫はブチギレ。自分の命を救ってもらったことなんかすっかり忘れたかのようにノーラを叱る。父のサインを偽造したことを知った夫は、「夫である自分に恥をかかせた」とでも言いたそう。そうなのよ、これが家父長制。自分の所有物である妻がしたことは自分に恥をかかせること。だから怒る。ノーラが悪いことをしたからではなく、「自分に恥をかかせた」から。あくまでも守りたいものは自分の世間体。

ノーラの罪が世に広まらないとわかったあとのヘルメルの変わりようがまぁひどい。しかもその変わり方が「こんなひどいことをした妻を許してあげる俺、なんて心の広い主人！」みたいな。書いてるだけで吐きそうになってくるが、なんかすごくリアルに想像できるのは結局今もこういう人が健在だからだろう。まず自分の命を救ってくれた妻への感謝はないのか！　結局、物語の最後までそんな言葉は出てこなかった。

ついに目が覚めたノーラ。これまでのノーラとはまるで別人のようになり、夫婦間で初めて「真面目な話」がされる。読んでいただければすぐにわかると思うが、これまで人形だったノーラの言葉が一気に人間の言葉になる。意思のある一人の人間としての言葉がノーラの口から出てくる。この時のヘルメルの発する言葉はTwitter上でのクソリプとあんまり大差がないように思える。

「お前は正気じゃない！　許さない！　おれが禁じる」「病気だノーラ。熱があるんだ。とても正常とは思えない」ってね。女が意思を持って自分の言葉を話し始めると、男は混乱して、女の側がどうかしてしまったことにしたがる。でもそれに対して動じず淡々と話をするノーラがめちゃくちゃかっこいい！　せき止められていたものが溢れ出たように、自分の意思で、自分の言葉を話し始めたノーラ。そして最後、家を出る。良かったよ本当に。こういうやりとりで「ああ、やっぱり夫は私を愛しているのね」となってしまう人がどれだけ多いか。

それまでのノーラは、本当に自分を幸せだと思っていたのだろう。それは嘘ではないし、無理にそうさせようとしていたかというとそれも違うと思う。だけど、この社会に生きていると自分でもそれがわからないくらいに自分を抑圧してしまうことがある。

私は、こういった目覚めや気づきが人生のなかでなるべく早く来ればいいと思っている。下手したら目覚めずに死んでしまう人だっているだろう。なるべく抑圧された状態を過ごす時間は長くないほうがいい。

また、このノーラの目覚めには古くからの女友達のナイスアシストが絡んでいる。ノーラとヘルメルは一度きちんと正面から話したほうがいい、と言ってくれる。ここにもシスターフッドを感じることができる。

多分フェミニズムに出会う前の私よりは、このノーラをうまく演じることができるんじゃないかな、なんて思いながら読み終えた。きっときっと、今の日本に生きる人たちも何の違和感もなく楽しめる作品だと思う（それがいいのか悪いのか）。私たちもノーラの自身の解放を胸に、ひどい扱いを受けたと感じた時は夫やパートナーを捨てる勇気を持てたらいいいな、と思う。

正義感が強くて何が悪い

「正義感が強い」という言葉が、いい意味で使われるところをあまり聞いたことがない。なんだかちょっと小馬鹿にしたような、「そんな怒ってないでさ～、楽しいこと考えてようよ？　ね？」みたいなノリで使われるような、いわゆる「冷笑系」な感じで使う人が多いように思う。

私は正義感が強いほうだと思う。人生でそれをもっとも発揮したのは、27歳の頃だ。

当時私は、グラビアの仕事や舞台をやりながらパチンコ屋さんでアルバイトをしていた。シフトが組みやすく、社員さんもアルバイトの子もみんないい子達ばかりで、五年以上続けていた仕事だ。私が休みのある日、仲良くしていた年下の男の子のバイト仲間から「バイトをクビになった」と連絡があった。

話を聞くと、営業中アルバイト同士で話をしていたら急に店長に裏に呼び出されて怒鳴られ、その日のうちにクビになったという。その際、胸ぐらを掴まれタバコを顔に押し当てるようなジェスチャーもされたらしい。

私にはいろんな疑問が次々に浮かんでいた。

解雇ってそんな突然してもいいんだっけ？　最低でも二週間前とかに勧告が必要なのでは？　他の社員さんがいたはずだけど、誰も店長を止めなかったのか？　なにより、それって暴力じゃんか！

急いで本人にも他のアルバイトの子にも話を聞いた。

本人は、もう諦めモードだった。結構ショックを受けていたように見えたし、闘う気力はなさそうだ。そして、他のアルバイトの子たちもみんなそうだった。みんな、店長の言うことは聞かなければいけない、逆らえないと思っているようだった。誰一人、店長に抗議した人はいなかった。

いや、おかしい。こんな理不尽あっていいのか?

そう思った私は、社員さんに連絡して事務所のカメラの映像をもらえないか、そして労働基準監督署にも連絡をして、会社で起こったことを話した。

そうこうしているうちに、本人もどうしていいかはわからないけど、やっぱりこのまま終わるよりはマシだと思ったらしく、一緒に行動しだした。

いろんな他のアルバイトの子と連絡を取り合っていたけど、「やめたほうがいい」とか「そんなことしてると店長はバックがやばいから何かされますよ」みたいなことを言われた。いやいや、バックがやばいやつならもっとなんとかせんとあかんやろ! ていうかなんだよその田舎のヤンキーみたいな脅しは。中学生以来に聞いたわ。

とにかくみんなから、めんどくさい扱いをされている空気がすごかった。社員さんからはカメラの映像は渡せないと言われた。

こりゃダメだ。そう思って、私も一緒に退職を決めた。ここにいたら闘えない。退職届には「店長が暴力を振るったため」と書いた。受け取った同い年の若い社員さんは無言。情けないな、この人たち。そう思った。いや、その当時は自分に対しても「何やってんだか、私は」と思った。

しかしもう私は止まらない。そして、その後労基署にいろいろお話をしたり教えてもらったり、本人はアルバイト先の本社に連絡して交渉。正式に店長からの謝罪と規定通りのお金が支払われた。労基署なんてそれまで存在もよく知らなかったし、本社の人たちは厳しいイメージしかなかったから本当に怖かったけど、なんとかなった。勝った！

多分、私のような第三者が働きかけなければ、泣き寝入りだったと思う。みんな、労働基準法のことなんて存在も知らなさそうだったし。

私はいわゆる「声をあげた」わけだけれど、やっぱり孤立したしアホなことやってると いう目で見られたし、仕事も失った。隠蔽体質は日本中どこも一緒だな、と思った。「正義感が強いやつだな〜」という冷笑の空気をヒシヒシと感じた。

だけど、私はこの時のことを一切後悔していない。

その後、店長が暴力を振るうことはなくなったと聞いた（あとで聞いたら元々そういう人だったらしい）。

その男の子が今もそのことを覚えているかはわからないけど、当時はお礼を言われた。時々連絡はとっているが、元気そうだ。

でも、あの時味方をしてくれなかった人たちの気持ちもわかる。私が自分の正義を信じて行動ができたのは、アルバイトだったし家族もなかったし、守るものも特別なかったからだろう。社員さんなんて、こちらの味方をしたら仕事を失ってしまうかもしれないし、職場で今後不当な扱いを受け続けることになったかもしれない。声をあげたって、うまくいかないこともあるかもしれない。「声のあげ損」になる可能性だってある。軽蔑はするけど、責めることはできない。いじめの傍観者は加害者でもあるけど、被害者でもあると思う。

だからこそ、私のような人間がやるしかない。味方をしてくれないのはとても傷つくし、いつでも自分を疑いながら恐る恐るやっているのが正直なところだ。めんどくさい人間だと自分でも思う。

当時のバイト先のみんなのように、もっと空気を読んで黙ってやり過ごすほうが、自分の安定した穏やかな生活は守れるはずだ。だけど、それでも私はそんなめんどくさい私のほうが気に入っている。私は見せかけの安定した穏やかな生活よりももっと、守りたいものがある。自分には嘘をつきたくないのだ。

正義感が強くて何が悪い。子どもの頃に憧れたかっこいい大人は、いつでも正義感の強い人たちだった。私は、こういう私でいられる自分を誇らしく思うし、これからも正義感強く生きていきたい。それは、自分が自分に失望しないため、自分が自分のことを好きでいるためでもある。

怒るのってかっこいい！

喜怒哀楽でもちょっと特別扱いされている「怒り」。しかもそれはネガティブにとられていて、ないことにしたり見なかったことにしたり、軽くあしらわれたり大げさなやつ扱いされたり……。誰にでもあるだろう感情なのに、このひどい扱いはなんなんだろう。これが「女性の怒り」となるとさらにひどい。「ヒステリー」や「感情的」という男性にはあまり使わない表現まで持ち出して、おかしい人扱い。ヤジを飛ばす国会議員や酔っぱらって喧嘩をしているおじさんたちにヒステリーとか言わないのにね。

怒りに関して、モヤモヤした出来事があった。飲み友達とデパートの屋上でバーベキューをした時のこと。私の友人が働いているお店だった。片づけの際、「しっかりと分別をお願いします」というスタッフさんの呼びかけの声が聞こえるなかで、「適当でいいよ～」と堂々と言うその女の子。さすがにマナーがなってなさすぎでは？　と思ったので、「それはだめでしょ」と私は言った。しかし、その友達は「は？　うるさいなぁ」と言った。30歳にもなる大人が何言ってるんだろう？　と思い、友達にも迷惑がかかるしやめてほしいと言いかけた時、別の友達が「はいはい、怒らない。大人でしょ」と言い私が話すのを遮った。マナーを守っていないところを注意したら大人じゃない？　どういうこと？　何も言えず私は黙った。友達は変わらず適当にごみを出していた。

この「大人でしょ？」という言葉は、一体何なんだろう。大人は怒らないものだ、とでも言いたいのだろうか。なんで大人は怒ったらいけないのだろう？

世の中を見ていると、争いを避けるために怒らない人も多い。怒ると「感情的だ」と言われるからという理由で怒らない人もいる。

でも、怒りだけ抑えるのは、あまり健康的じゃないいんじゃないか、と思う。だって、さっきの友達ともきちんと怒りを伝えて話し合えていたら、こんなにモヤモヤのまま残らなかったかもしれない。結局私はその友達と距離を置いた。思ったことが言えないような関係性は長く続かないのだ。

また違う視点から見ると、「何をしても怒らない人って都合がいいよね」とも思う。たとえば、浮気をしても怒らない、雑な扱いをしても怒らない、理不尽なことをしても怒らない、緊急事態宣言を出したり終わらせたりまた出したりしても怒らない……。うんうん。とっても扱いやすい奴隷ちゃんたちだ。

私たちは、怒っている人の話を聞くことがとても苦手だ。怒っていることを理由に、その人の話を聞かないことがとても多い。私も過去に彼氏と喧嘩をした時に、「そんなにヒステリーになってるから話を聞く気になれない」と言われたことがある。多くの女性が経験したことがあるのではないか。これは「トーンポリシング」と言って、訴えの内容そのものではなく、話し方や言葉づかい、態度を批判することで、論点をずらす行為のことをいう。「トーン」を「ポリシングする（取り締まる）」という意味で、海外で作られた造語だ。これによって、相手を怒らせなくする。その結果、自分が怒られているということもわからなくなってしまう。相手が何をされて自分に対してこんなに怒っているのか、考える機会を失ってしまう。

そんな社会で過ごしていると、瞬発的に怒ることがとても難しくなる。なので、私はTwitter上で頑張って怒る練習をしている。日常生活で嫌なことをされた時、失礼なことをされた時、バーベキューの時のように抑えつけられることが多すぎて、自然と怒らないような癖がついてしまっているからだ。怒ることは労力も勇気も瞬発力もいる。「感情のままに怒る」なんて、本当は逆に難しいことだったりする。

でも、歴史を見ていると、社会を動かしたのはいつだって怒りのパワーだ。大河ドラマ見てたってみんな怒りに震えて革命を起こしているし（ただし描かれるのはほぼ男性）、女性が怒らなかったらいまだに職場には水着のポスターが平気で飾られ、お尻は触られ放題だっただろう。

敢えて「怒る」という行動を取らなければ、変えられないことやうまくいかないことだってたくさんあるのだ。

怒りも他の喜哀楽と同じ、大切な感情だ。怒りをバカにすることによって得をする人は誰で、つらい思いをする人は誰なんだろう。

私は、自分の怒りをないことにしない生き方に変えた。そうしたら、生きることが本当に楽になった。以前は社会の価値観に合わせて、自分が怒りの気持ちを持つこと自体にすごく罪悪感を抱いていた。でも、人間だったらあって当たり前の感情なのだ。今は怒りの感情が生まれてきたら心のなかで「ファイティングモードの石川さんかっこいいっす！」

と声をかけてあげるようにしている。「怒りは悪いこと」という価値観をみんなで作ったのであれば、「怒りはかっこいい」にすることだって私は可能だと思う。

「怒ること」は、何も怒鳴り散らすだけが方法ではない。私は大きな声で怒鳴っている人もかっこいいとも思うけどね。パッションを感じる。それだけ伝えたいことがあるんだろうな、と思う。でも、冷静に論理的に怒ることだって全然可能だ。怒りにもいろいろな形がある。自分にあった「かっこいい怒りスタイル」を探すのも、面白いかもしれない。

遠くの国で起こる女性差別に影響されること

先日、フェミ友達三人でZoom飲み会をした。年に二回くらいは一緒に飲み、緊急事態宣言中はZoom飲み会をする仲間だ。一緒に仕事することもたまにあるような関係性。みんな知り合った場もフェミニズムに関する場だったこともあり、安心して話ができる、とても楽しい時間だ。

そのうちの一人の女性が、「どうしても聞いてもらいたいことがある」と言い出した。なになに、と私たちは聞く態勢に入る。すると、「実は美容整形をした」と言う。Zoom

越しとはいえ、これまでの彼女と変わった場所はないように思える。「美容整形」というと、まず「目を二重にする」ということが思い浮かんだ。でも、目が変わった様子もないし、鼻も輪郭も唇も変わらない。あ、もしかして胸とか？　と、意識が顔以外のところに行った瞬間、彼女は「女性器の手術をした」と言った。

私は「おおー！」と「ええー！」の中間のような声を上げた気がする。思いもしなかった場所の美容整形だった。へえー、そんな場所も手術ができるんだ！　と、純粋にびっくりした。

聞けば、彼女はずっと自分の性器のびらびらが大きいことがコンプレックスだったのだそう。自転車のサドルに当たると痛い、ということもあるらしい。私はそんなことがあるとは思いもしなかったので、本当に人の身体って十人十色だなぁ、と思った。無事、手術は成功。今は痛みも治まって、快適なライフを送っているようだ。

この時、私には深く考えざるを得なくなったことがある。

彼女は女性器の手術をする前、とても悩んだらしい。それは、「海外では強制的に女性器を切除させられるのに、自分は自分のコンプレックスだという気持ちだけで手術をしてもよいのだろうか」ということ。

なるほど、フェミニストならではの悩みだ、と思った。

女性器切除とは、アフリカや中東の一部の国で今も続く習慣だ。親が「結婚できなくなるから」などという理由で、子どもに受けさせることが多いらしい。切除をしていないことは恥だ、という風習があるとか。女性器の一部、または全部を切り取る行為だ。そのフェミ友達は「このような悲しいことが今も起こっているにもかかわらず」という気持ちになったそうだ。私はその話を聞いて、遠くの国で起こっている女性差別だけど、結局私たちにも影響を及ぼしているんだな、と思った。

もし世界でこのような習慣がなければ、彼女が悩む必要はない。「自分がしたいか、したくないか」だけで手術を選ぶことができる。こういう自由の奪われ方があるんだ、と複雑な気持ちになった。

これは、このようなことだけに限られない。

私はグラビアの仕事をやめてからもなお、たまに「脱ぐ」ことがある。私の身体は私のもので、どう表現するのかは私が決めることだ。脱ぐのも脱がないのも、私が決めること（もちろん、文脈や発表する場所は慎重に考えなければいけないけれど）。しかし、現実として「脱ぐことを強制させられた人」がいるのも事実だ。そういうことが起こっていることを知ると、やっぱり単純に「脱ぎたいから脱ぐ」とは言い切れない部分もある。こうやって、「私が脱ぎたい」も奪われることもある。

#KuTooだってそうかもしれない。署名運動をしているとたまに、「ヒールが履きづらくなる」という声も聞く。いやいや、今は逆にフラットシューズが履きづらい状態（もしくは履かせてもらえない状態）なんですよ、と言いたいところ。だが、パンプスを強制する、なんてことがなければ、ヒールを履きたい人が罪悪感を抱きながら履くこともなかったのにな、とも思う。

誰かが選択肢を奪われた時、誰かが何かを強制される時。遠い場所の話だと思っていても、実はこちらにも大きく影響を与えられているんだなあ、と感じた。

誰もが自分だけの「やりたい」「やりたくない」に従って選択し生きられるようになったら、とても幸せな社会になるだろうな、と想像する。

だからこそ私一人ではなく、すべてのシスターが自由にならなければ、本当の自由は得られないのではないか、と思う。

第四章

「私」にまつわるフェミニズム

フェミニズムが自分事になるまで

フラットシューズで働ける男たち

私は二〇一九年一月、こんなツイートをした。「私はいつか女性が仕事でヒールやパンプスを履かなきゃいけないという風習をなくしたいと思ってるの。専門の時ホテルに泊まり込みで1ヶ月バイトしたのだけどパンプスで足がもうダメで、専門もやめた。なんで足怪我しながら仕事しなきゃいけないんだろう、男の人はぺたんこぐつなのに。」

このツイートは思った以上に反響があり、六万ほどいいねされた。「パンプス」がTwitterにトレンド入りし、たくさんの女性が自分のこれまでの経験や実際にパンプスを履いて血の出ている足の写真をツイート。その流れで「運動にしましょう！」ということになり、賛同者の方が「#KuToo」というハッシュタグを作ってくれた。

#KuTooとは、「靴＋苦痛＋#MeToo」を掛け合わせて作られたものだ。ただ単に「靴で足が痛い、苦しい」、ではなく「#MeToo」、セクハラを告発する時に使われるものが入ったことが私にとって大きなことだった。そう、#KuTooは労働や健康だけの問題ではない。女性と男性が同じ仕事をしているのに、違うものを履くように命じられる。それも、女性に義務付けられるもののほうが負担が大きい。それが大きな問題であり、女性差別な

のだ。
そして、#MeToo と似ている点がたくさんあった。多くの人が今まで、「合うパンプスを見つけられないのが悪い」「自分が太っているから、足に体重がかかってしまうんだ」「我慢できない自分が悪いんだ」と、自分を責めていたこと。そして、声があがったあとは「なんかおかしいと思ってたけど、やっぱり変だって言ってよかったんだ」という声がたくさん生まれたことだ。

このツイートをした時、私は葬儀関係の仕事をしていた。式が始まる前から火葬、散会までスムーズに進むようにサポートする仕事だ。ご家族がいらしてから控室にご案内し、お茶を出して会葬の方を席に座らせ、お寺さんにお茶を出してお焼香の準備、式が始まったらお寺さんが座る椅子をひいて、帰る方にお香典返しを渡したり……、とにかく仕事中、座ることはまずない。ずっと立ちっぱなしの仕事だ。

このツイートをしたのは真冬で、葬儀が重なる時期だった。夕方からお通夜に出て次の日の朝から告別式、そしてその日の夕方から別の家のお通夜、そんな日が続いていた。
移動中はフラットシューズで、現場に入る前に駅のトイレなどでパンプスに履き替えていた。それでもこの連勤により、足の小指から血が出ていた。パンプスを履いたことのある人はわかると思うが、そんなことは別に珍しいことじゃない。パンプスは怪我なしでは履けないものであると言っても過言ではないと思う。

いつもだったらスルーするこの怪我、この日はどうしても気になった。仕事中、たまま和室に上がった男性社員の靴を揃えた。そしてふと思った。「私もこの靴で働けたらなぁ……。てかなんでこいつはヒールのあるパンプス履いてないんだ?」と。

葬儀の仕事はお年寄りが多いので、故人様のお顔を見に行く時やお焼香の時は支えないといけないことが多い。時間通り式を始めるために、走り回ることだってある(式の最中、実は裏で静かに小走りしてることが多々ある)。なのに、なぜかヒールのあるパンプスを履かなければならなかった。


私は、葬儀の仕事が好きだった。始めて一年くらいの仕事だったけど、人が亡くなるということ、葬儀を執り行う意味、残されたご遺族様の気持ち、手を合わせるということ、毎日のように亡くなった方を目の前にして、私にも絶対にこの時が来ると意識すること。あらゆることを考えさせられる仕事だったし、終わったあとに「ありがとう」と言われることに心から温かいものを感じた。

そして何より、私が働いていた会社の先輩たちがとても素敵な人たちだった。初めてのことだらけで右も左もわからない私を研修で指導してくれて、仕事を丁寧に教えてくれた。プライベートで飲みに誘っていただくこともあり、そんな時も仕事の話をたくさんして、私もスムーズにいい葬儀が行われるには何ができるかたくさん考えたし、その時間が楽しくもあった。

だからこそ、ヒールやパンプスで怪我をしながら働かなければいけないことの理由が本当にわからなかった。だって、式が始まると「足音が鳴らないように」って注意されるのだ。

無理だよ！ そんなこと考えながらお焼香のご案内するの、めっちゃ大変だよ！ っていうか、男の人はいらない悩みなんでしょ？ それに足元のふらふらを気にせずにお年寄りをがっしりと支えたいよ！ ただでさえチビで力もないのに！ そんな怒りが溢れ出した日のツイートだった。

高校卒業後、ホテルで働くための専門学校で学んでいた。そして、夏に授業の一環で実際にホテルで働いた。泊まり込みの研修だった。その時、初めてパンプスというものを履いてびっくりした。こんなに足の痛くなる履き物がこの世に存在するのか、と。初めてのホテルの仕事だったけど、足の痛みだけが記憶に残っている。どうしたら足が痛くならないか、お店で試しに履いても、実際に働く時に履いたら一五分くらいで限界が来て、もう耐えるしかない。それで頭がいっぱいだった。

なので、私はホテルの仕事を諦めた。私には無理だと思った。同時に、なんだか働くということも馬鹿らしくなってしまった。働くって、強烈な足の痛みを我慢することなの？と。ホテルの仕事は、ほとんどがパンプスを義務付けられていると聞いた。学校の授業でも、「どうしたら足を痛めずに働くことができるか」なんて教えてくれなかったぞ？

パンプスを履きこなせない私には無理なんだ。そう悟って、専門学校もやめた。それ以降、パンプスを履く仕事は避けてきた。葬儀の仕事の面接に合格した日、どんな恰好で行けばよいですかと聞いたところ「スカートスーツにストラップのないパンプスで」と言われた。「しまった、この世にはパンプスが必要な職場があるんだった……」と思い出したけど、それでも葬儀の仕事に興味があったのでそこは無理をしようと決めた。

そして二〇一九年。もう、18歳の私とは違った。そう、おかしかったのは私の足でも私の感覚でもない、社会が作ってきた慣習のほうなのではないか。私の愚痴ツイートが広まって、「私も」という声が集まり、それを確信した。

これまでにも、私のようにヒールを履かなければいけないという理由で仕事を諦めた女性もいたかもしれない。就職活動ができなかった人もいる。仕事をやめてからも足の痛みを抱え続けている人もいる。そういう人たちを私たちは知らなかった。そして、知らないままで「女性は働きたがらない」と言ってきた。「なんで働きたがらない」のか、知ろうともしてこなかった。

これは、靴だけの問題ではないはずだ。こういったことが、働く場にはたくさんたくさん隠れているのだと思う。女性に「働け！　輝け！」という前に、それを一つ残らず見つけ、しつこく一個一個なくしていくことが女性の社会進出につながるのではないか。私はそう思っている。

私も普通に重い荷物持ちますけど？

ジェンダー平等の話をする時によく言われるのが、「そんなに男女平等っていうなら女の人も重たい荷物持つんですか？」などという質問だ。要するに「体力がない女性は重たい荷物を男性に持ってもらっているんだから、差別されても仕方ない」ということだろう。男女の違いについて話す時に、体力差や基本的な身体の機能の話になることは少なくない。

もちろん、女と男で違う身体の機能、というものの基本的なものはあると思う。しかし、同じ女でもそれは大きく異なることがあるし、それは男のなかでも一緒だろう。

私はかなり長い期間、パチンコ店で仕事をしていた。パチンコ店はけっこう体力のいる仕事だ。パチンコ玉が入っている箱を持ち運ばなければいけないので、腰を痛める人も多い。その「ドル箱」と呼ばれるものは一箱一〇キロ近くあるそうだ。だいたい三箱までは台車を使わず自分で運んでいたので三〇キロくらいだろうか。重たいけど運べないことはないし、運べないくらいの重さになれば台車を使えばよい。毎日の仕事となるとそれなりに大変ではあるが、金景品を扱うカウンター業務より私は好きだった。

同じバイト先で付き合っていた人がいて、その人は男性だったけれど、運んでいる最中にぎっくり腰になって動けなくなり、救急車で運ばれたことがある。こういったこともあって、「男性だから力のある仕事をしていて女性を助けている」みたいなことを言われると「ん？」と思うのだ。

私の当時のパートナーはしばらく重たいものが運べなくなっていろんな人に助けてもらっていたけど、だからといって彼が女になるかといったらまさかそんなわけがない。

人は年齢を重ねると体力が落ちていくだろう。男性の老人が重たい荷物が持てない時に私が手伝ったとしても、私は変わらず女だしその老人も変わらず男だ。だけど、私が重い荷物を持ってあげたからといって「重い荷物持ってやったんだから差別されても仕方ないよね」とか言い出したら意味不明だと思う。

これと似たような話で、「女性は子どもを産むから」と、出産ができる機能について何かと言ってくる人もいる。だけど、もちろん子どもを産めない人、産まない人だっているわけだし、その人はそれでも女のはずだ。

同じくジェンダー平等の話をしている時に「女性差別はだめだけど、ホルモンの違いとかもあるからね」と言った友人（女性）がいたが、同じ女性であってもその体質は一人一人違う。

要は、女性か男性かで括ってしまうと一般的に言われている特徴に当てはまらない人を排除してしまうことになる。基本的には「人間の身体は、いや心だって、誰一人として同じ人はいない」ということをきちんと知ることが必要だと思う。

こうなってくると、「女性は繊細だ」「女性は気配りが上手」もおかしいことだとわかる。本来そんなのは人それぞれであって、女性に繊細さや気配りの上手さを求める社会も大きく関係しているだろう。男性にも繊細さや気配りの上手さを求める社会だったら、繊細で気配り上手な男子がたくさん誕生しているかもしれない。

最初の体力差の話に戻すと、重い荷物を持てる人が持てばいいし、持てない人がいたら持てる人と助け合っていくべきだ。その時に「持ってやったんだから」なんて理由で相手の人権を奪うとかいうバカなこともしてはいけない。人はいつも、みんなで助け合って生きている。しかも、パチンコ店では台車が使えるように、重たいなら誰でも簡単に運べるような仕組みだって大体できているのだ。みんなで大変な思いをし続ける必要はない。みんなが楽に仕事ができるのが誰にとってもいいだろう。

性差の話でもう一つ気になるのが、「女性は働く時にメイクをしなければいけない」ということ。「男性だって髭を剃らなければいけない」という声を聞くこと。私がここでモヤモヤするのは、髭を剃らなければいけないのは「男性だから」なのか「髭が生えているから」なのか、化粧をしなければいけないのは「女性だから」なのか「顔色が悪いから」なのか、というところだ。人の身体はどうなるかわからないので、たとえば女性の顔にたくさんの毛が生えてきた場合剃れと言われるのではないか。一方で、どれだけ顔色が悪い男性がいても化粧をしろと言われることもそうそうないと思う。ここがこの二つの非対称性だと思う。だから、お化粧もヒールも、義務付ける理由が「顔色が悪いから」「背が低いから」であれば女性差別ではないと言える。顔色が悪く背が低い男性も従わなければならなくなる。

こうやって、女性だから男性だから、ではなくて個の特徴に合わせて考えていけば、性別を理由に自分で自分を抑圧することだってなくなるだろう。

女だから美しくいなければいけないとか、男だから体力がないといけない、とすることはその人がその人らしく生きていくことを阻んでしまう。化粧やヒールが嫌いで美しくない力持ちの女も女だし、繊細で気配りのできる力のない男だって男。自分からも他人からも勝手に分類され抑圧されることのない世の中になったらいいなと思う。

社会に生きるすべての人がアクティビスト

私は、自分のことを自分で決めることができない人間だった。

それは、高校生の時に性暴力にあってから、どんどんひどくなっていった。自分で自分のことを決める権利が、自分にはないと思い込んでしまった。グラビアの仕事をしている中で、たくさん自分の権利を奪われた。

私の身体をどう扱うか、他者に決定される毎日に疲れ果てて、30歳くらいの時、「私は私のために生きよう」と決めた。

その延長線上に、#MeTooがあって、フェミニズムに出会って、#KuTooがあった。

私は、自分のために運動をしている。自分が社会から差別がなくなってほしいと思うから、活動をしている。「世の中の皆さん」のために運動をしているわけではない。

先日、「長らくフェミニストのアイコンがいなかった日本に石川さんがタイミングよく現れた」「アクティビストを名乗っているのだから」という理由で、「みんなの応援を背負うべきだ」と言われた。代表としてあるべき姿を求めているのだろう。きっとその人の思う代表像と私がかけ離れていたのだろう。しかし私はフェミニストやアクティビストの代表でもなんでもなく、一人の人間なのだ。

私は、すべての人が自分として生きられる世界を作るために運動をしている。それが平等だと思うからだ。もし、すべての人が自分として生きられる世界にするために、私が私らしくいられなくなるのなら、それは平等ではないので運動をする意味がないとも思っている。

私は、#KuTooや女性差別をなくすための活動を始めてから、ずっとSNS上での誹謗中傷を受けている。そんな中で、「表では言えないけれど、応援しています」というメッセージをもらうことがある。私はこの「応援しています」に違和感があった。

私は確かに自分の意思でフェミニズムの活動をしているが、社会をよくするための活動でもある。この活動は「石川の生活を豊かにする活動」ではなくて、「みんなが生きているこの社会から女性差別をなくす活動」なのだ。

つまり、私に応援していますと言ってくる人も、今この本を読んでいるあなたも、みんなの話なのだ。私は私の個人的な問題の運動をしているのではない。

「応援しています」、が私にはとてもきつい。見捨てられたように感じるのだ。私を代表のように取り扱って、運動を押し付けられているように感じる。表で言えないのは、自分も誹謗中傷を受けることになるからなのだろう。でも、私が誹謗中傷を受けていることは仕方ないことだと思っているのだろうか。とても悲しく思う。応援してほしくないという話をしているのではない。一方的に応援をする、ではなくて、一緒に頑張ってくれ、ということだ。なんなら私だって皆さんのことを応援している。

#KuToo に賛同してほしければもっと丁寧にやれ、という言葉に対しても、「問題だという認識を持っていない人に賛同を求めていないので大丈夫です」と言ってきた。なぜなら、「これは自分の問題だ」と感じる人を可視化させるための運動だからだ。私のやっている運動は、「自分のことなんだ」とより多くの人が思ってもらえることが第一の目的だ。

これは、無理に何かをしてくれ、という話ではない。

「石川のためにRT一回しかできなかった」ではなくて、「社会から性差別や誹謗中傷をなくすために今日は一回RTできた」と考えてほしい。それがつまり「問題を自分事として捉える」ということだと思う。私も私のできる範囲で自分にできることを、でも無理はせずに活動している。

私は、誰もがアクティビストを名乗っていいのだと考えている。私たちがするアクションは、とても価値のあるもののはずだ。ツイート一回だって、立派なアクションだ。それはもうアクティビストと言ってよいのではないか。そう考えているので、私は私をアクティビストと名乗っている。アクティビストというものに、定義や認定試験などはないのだから。

#KuTooが流行語大賞にノミネートされた時に、私はスピーチでこう話した。

「昨年ノミネートした#MeTooの受賞者が『声を上げた全ての人』だったように、この#KuTooの受賞者も、私個人ではなく、アクションを起こしてくださったすべての方々が受賞者だと思っています」

私は、運動の発信者ということで#KuTooに関することは責任を持って運動を進めてきたつもりだ。取材を受けまくり、文章を書きまくり、シンポジウムなども行けるところには必ず行って、運動を知ってもらうために活動してきた。私が始めた運動なので、その責任があると私は思っている。

しかしそれは、すべての女性やフェミニストの責任を背負うということでは決してない。私は私のやりたいことを全力でやっているだけなのだ。なぜかというと、私は私の人生を精一杯生きることが、私に対して敬意を払うということだと思っているから。そして、私は私を取り戻すためにフェミニストになった。

そのなかで私がフェミニストやアクティビストの代表であるかのような扱いを受けることは、私が目指している社会と真反対のものだ。私が目指していない世界のために、私が私を変えることはしない。自分がやりたいことは、私ではなく自分でやってほしい。できないのなら私にもやらせようとしないでほしい。

誰かが代表になっていくよりも、みんなが同じように自分なりのアクションができる社会になったほうが、私は今よりも平等へ進むスピードが速くなると思うのだ。

私はフェミニストやアクティビストの前に、性暴力のサバイバーであり石川優実という一人の人間だ。皆さんと同じ人間だ。それを忘れないでほしい。私が声をあげているのは、私が強いからでも声をあげられる環境だからでもない。声をあげなければ何も変わらないから、あげられる環境じゃなくてもあげざるを得ないのだ。

私が今一緒に活動している人たちは、私に「#KuToo運動をしてくれてありがとう」とは言ってこない。思っているかもしれないけど、私に伝えたことはない。それはきっと、運動を私に託しているような形にしないいためだと思う。私たちは同じ場所に横に並んで、同じ方向を見て闘っていきたいのだ。

どうか、社会運動をしている人を「応援する」「支持する」というところから一歩先に出てほしい。あなたも運動に参加できる。ツイート一つでも、「それは運動に参加した」「一緒に闘った」ということだ。

自分のアクションが小さなものだなんて思わないでほしい。みんながそんな意識になって運動に参加した時、きっとこの社会は大きく変わるだろう。

私は思う存分闘いたい！

二〇二一年五月、AbemaTVの『Wの悲喜劇』という番組に出演した。司会はSHELLYさんとりゅうちぇるさん。そしてゲストは田嶋陽子さん！

その回は田嶋陽子スペシャルで、フェミニズムについてみんなが意見を交換し合うというテーマだった。

実は、失礼ながら私はつい数年前まで田嶋陽子さんの存在を知らなかった。田嶋さんを知ったのは #KuToo 運動を始めたあとのこと。田嶋さんは、もう三〇年も前に著書でハイヒールのつらさについて書かれていた。#KuToo の原点とも言えるようなことを、そんなに前から主張していたのだ。#KuToo 運動が始まった時に田嶋さんについてのインタビューの話が来て、そこでその存在を知ることになった。

そんな田嶋さんと、ついに直接お会いする機会を得た。田嶋さんを知った日から田嶋さんがどんなことをテレビや本の中で発信してきたのか、たくさん見ていつも感激していたものだから、憧れの人と仕事の場で会えるなんて夢のようだった。

そしてついにその日がやってきた！　ご挨拶に行った時の田嶋さんの第一声は「やっと会えましたね！」。私のことを認識してくださっているということがもう感動的すぎる。番組収録よりもなによりも、田嶋さんとお会いすることのほうが緊張しまくった。

番組の収録が始まった。フェミニズムについて意見を言い合い、番組が進行していく。そんななか、ゲストの一人が「フェミニストはもっと怒っているところだけじゃなくて幸せなそうなフェミニストを見せていくのがいいと思う」というようなことを言った。私は「ん?」と違和感を抱えつつ、すぐに「田嶋さんの恋愛話聞きたいです」という流れになったので、それについては特に誰もコメントをすることなく田嶋さんが海外で恋愛をしたという話になった。モヤモヤしつつも、収録中の流れを無視するわけにもいかないと思いそのまま番組は進んでいった。

しかし、あるタイミングで田嶋さんが「さっきの話だけどね」と話を戻したのだ。そして、「やっぱり幸せイメージ出せばいいっていうのは、怒る女の人が嫌いってことで女の人にとって抑圧になっちゃうよね。そういうメッセージを与えられたらみんな『私フェミニストよ、幸せよ』ってバカみたいな顔し出すから見ててごらん」とビシッと言った。

そして「だって幸せってなによ？　私はフェミニストとしてじゃなくて田嶋陽子として幸せよ」と。

そうなのだ、田嶋さんはずっと幸せなのだ。それなのに勝手に「怒っている＝幸せじゃないからでしょ」と決めつける。だからフェミニストはもっと幸せアピールをしたほうがいいという的外れなアドバイスをしにくる人が本当に多い。そもそも幸せってなんなのだろうか？　そうやって他人が他人に対して「あの人は〇〇だから幸せじゃないんだ」「あの人はこうしてるから幸せなんだろう」と勝手にジャッジすること自体がフェミニズムとはかなりかけ離れていることなのではないだろうか。

私はこの収録で、「幸せとは何か」ということともう一つ、学んだことがある。

それは、「空気を読まないこと」。私はいつもの癖で空気を読んでしまう。そして言うべきことを言えずに時間が流れてしまう。今ここで口挟まないほうがいいかな、さっきの話をもう一度出すのはちょっとおかしいかな、まだ時間はあるのかな、台本の流れってどうなってたっけ。様々なことが頭を駆け巡り、本当は言わなきゃいけないところで言えなかったことがたくさんあった。

だけど、田嶋さんはそんなことはお構いなしに言うべきことを言っていた。というか、むしろ求められているのはそれだろう。この現場で空気を読むならば、空気を読んではいけないのだ。そう思う。

それが、テレビという場に出て少しでも多くの人にフェミニズムを知ってもらおう、たとえそれによって自分が嫌われようと、知ったことによって必ず救われる女性たちがいる、そう信じて実行してきた田嶋さんの覚悟と優しさなのではないか、と思う。

収録後に田嶋さんが「闘えるうちは闘えばいいのよ」と声をかけてくださった。多くの人が「無理しないでね」「休める時は休んで」と言うなかで、闘うことを肯定してくれた人は初めてだったように思う。

そう、私は闘いたいのだ。闘うことが好きなのだ。無理をしているわけではない、自分で闘うことを選んでいるのだ。

私にとっての今の幸せは、多分「思う存分に闘うこと」なのだと気がついた。それを知らない第三者が勝手に「あいつはいつも喧嘩してて不幸せだ」なんて決めつけないでほしい。大丈夫。自分の幸せを自分が知ってあげれば、他人の幸せを自分が決めつける、なんてことはできなくなるはずだ。自分以外の誰かが幸せだ不幸せだという前に、まず自分のことをめいっぱい考えてあげられる私でいたい。フェミニストの幸せではなく、田嶋陽子の幸せを生きているという田嶋さんは私から見て、そんな人に見えた。

田嶋陽子『愛という名の支配』にあるもの

二〇二一年三月、こんなニュースが話題になった。都立高校の普通科は男子と女子の定員を別に設けていて、その結果、男女の合格最低点に差が出て、女子のほうが合格最低点が高くなる傾向があるというもの。こんなド直球の性差別がずっとあったのか！　と驚きを隠せないのだが、これについてまたひどいツイートを見かけてしまった。

「公立の合格点の話、女が良い学校行って金稼いで一体何をしたいの?とシンプルに思ってしまう。せいぜいブランドバッグ買って高級化粧品塗りたくって海外旅行に行って、自分より劣るオスを見下して生きるだけの人生でしょ?しょーもな。」(二〇二一年六月三日 @pannacottaso.v2)

おいおい、自分の稼いだ金でブランドバッグ買って高級化粧品塗りたくって海外旅行に行って何が悪いのか、という感じだし、なぜそれが「自分より劣るオスを見下して生きるだけ」につながるのかまったく意味がわからない。Twitter には当たり前のように女性軽視発言が溢れている。

このツイートを見た時、私は「女が金を稼いで何が悪いんだ!」という怒りの気持ちが湧いたと共に、田嶋陽子さんの著書、『愛という名の支配』を真っ先に思い浮かべた。

Abema TV『Wの悲喜劇』で田嶋さんと共演した際に、「私は『愛という名の支配』を書いて解放された。それ以来ずっと幸せなのよ」とお話しされていた。

私がこの本を読むきっかけになったのは、「女性抑圧のシンボル、纏足に見あうハイヒール」「からだを痛めてもハイヒールを履く女のアイデンティティとは」という項目があったからだ。#KuToo 運動を始めた時に多くの人に読むことを勧められた。「こんなに前からヒールのことを言っている人がいるよ」と。

田嶋さんが書くことによって解放されたというこの本は、第1章で田嶋さんの幼少期からのお母さんとの確執、第2章で「ドレイ制度と変わらない」という婚姻制度の話、第3章では男性のペニス至上主義の話、第4章ではいじめられた経験から人をいじめてしまう、その無限ループをどこで断ち切るのかという話、エピローグでは田嶋さんの考える「フェミニズムについて」、が語られている。

どの章もそれぞれ自分の考えていることと照らし合わせて、とても共感できるところ、「ここはちょっと私とは違うな」「おっとそう来たか」と思うところが様々あったのだけど、「やっぱ田嶋さんかっこいいな〜」と唸った。私が抱いたこの本の感想は「マジで自分で金を稼ぎたい！」だった。

田嶋さんは本のなかで、「自分の〝足〟で自分のお金を稼ぐことが自立の基本」と書かれている。私もこれに完全に同意する。こう聞くと、「女性はもっと自分に厳しく頑張るべきだ」と言われているように思ってしまうかもしれない。でも、私はそうではないと考える。

むしろ、女性は頑張りすぎなのだ。家のことを完璧にしながら仕事もして、なんてそりゃあ大変に決まっている。そういう中で冒頭のツイートのような「女が稼ぐこと＝悪いこと」みたいな言説をばら撒かれたら、一体稼いでいいのか悪いのか訳がわからなくなるだろう。

　そのくせ、いざDVなどで離婚しようとした際に稼ぎがないと「甘えて専業主婦になったから」だとか「キャリアを積まなかったから」だとか言われてしまう。なかには夫から「仕事をやめてくれ」なんて言われて仕方なくやめることだってあるのに。何をとっても、何を選択しても「女が悪い」ということにされてしまう。

　まずは、世間一般にたくさんある「常識では」「普通は」、みたいなものを女性に押し付けることをやめてほしい。それだけで、本人が「自分はどうしたいのか」、を考え始めることができるようになってくるのではないか。

　もちろん、専業主婦を選んだ人を責めるつもりはない。しかし、その人が女が金を稼ぐことは何も悪くないということ、生活を支えるために仕事をすることは自分の誇りにもなること、必ずしも男に養ってもらうことはすべての人の幸せに当てはまるわけではないこと、家のことは夫と完全に半分で分担できる（時には専業主夫だってあり得る！）、といったことも「専業主婦が女の幸せ」と言われることと同じくらいに一般化され、つまり今男性として生きている人たちと同じような環境で育った時、彼女たちは本当に専業主婦を選んだのか？　ということはぜひ問い続けていきたいと思っている。

本当に「自分で選択したのか」、「選択せざるを得ない環境で育ったのか」。専業主夫になりたい男性が専業主婦になりたい女性よりも極端に少ないうちは、それを自分個人の選択だと言い切っていいとは思えない。

そして、「本当に自分で選択したのか」を考えるにあたって、社会からの抑圧は当然大きな原因だと思うが、もう一方で「自分が自分に問い続ける」ということもぜひ諦めないでほしい。間違えないでほしいのは、「自分が自分を責め続ける」ではない。

この本の「自分の不幸のパターンを超えるためのセラピー」では、自分が自分と向き合うことの大切さが書かれている。自分を育ててくれた母親との関係や自分を知ること・自分で自分を受容し育ててあげる状態であること。どれも「自分の本当の声」を知るために、大切なプロセスだと田嶋さんは言う。

私は、30歳になる前、自分が自分でないような気がして、その時の自分はとても自分で生きているとは思えず、とにかく自分と向き合う時間を作った。田嶋さんの言うように、親との関係・これまでしてきた恋愛・仕事をするなかでとても傷つけられたこと、そういったものを一個一個見直し、考え直した。自分がそれらに対してどういった感情を持ったのか、認識し直した。その結果、フェミニズムに出会った。たまたま私が深く深く考えたことが、フェミニズムと共鳴したのだ。

「私があって、フェミニズムがある」。これは本のなかで田嶋さんも書かれている。私もこれにとても共感する。

私は、お金を稼ぎたい。自分で仕事をして成果を得て、自分の身の回りのことは自分で世話をできる自分になりたい。いつか自分で自分の家を買いたい。それが私の喜びだ。もっと稼げるようになったら、もし家族を持ったら、私も対等に家族を支えたい。それは私が男っぽいからでもなく、女らしくないからでもなく、「私だから」だ。

この本を読んで、まだ自分の生き方にモヤモヤしている人・違和感のある人にも「本当の自分」と出会ってほしい。本当の自分と実際に今現実を生きている自分が合致すると、生きるのがこの上なく楽で幸せになる。

こうやって田嶋さんは解放されていったのだろう。そしてそれは、誰にだって実現可能なことだ。自分を知ろうという気持ちさえ持ち続けていれば。自分が自分を幸せにしてあげよう、という気持ちさえ持ち続けていれば。

自分の痛みを麻痺させていた私たち

フェミニズムやジェンダーの問題を考え始めて、「寛容」という言葉を目にするようになった。そして、その言葉はいつもこちらに投げかけられるものだ。「もっと寛容になりなよ」。差別に対して怒っていると、本当によくこういうことを言われる。「そんなに怒ってないでさ、もっと広い心を持って、みんなで仲良くしようよ」。

#KuToo の署名活動を始めた当初、Instagram に運動のことを投稿したら、「えー！いいじゃん！ヒールを履けるのは女性の特権だよ。なんか海外も日本も差別の運動やってるけど、怒ってても何も解決しないと思うし前の方がみんな明るく楽しそうだった気がするなー！」という同級生の声を聞いた。

小学校からの同級生だ。ツッコミどころ満載のコメントなのだが、まあつまり要約すると「もっと寛容になれ」ということだと、私は解釈した。こういうトーンポリシングは、フェミニズム運動をしていると本当に本当に本当によく遭遇する。なんの悪気もなく、みんな揃いも揃ってお決まりのセリフを言ってくる。定型文のようだ。一つずつ反論する。

「ヒールを履けるのは女性の特権」というけれど #KuToo は労働の場での話。ヒールはフラットシューズよりも足への負担が大きいということが科学的に証明されている。それを望まない女性に、しかも労働の場で義務付けているということが問題である。もしこれが女性の特権ならば、職場で男性もヒールを履くようにするべきだ。男女平等なんだからね、特権ならば男性にも与えなきゃ。そして、プライベートのおしゃれとして女性がヒールを履けることが特権だと思うのなら、男性もヒールを履くことが普通になるような運動をすれば良い。ヒールが女性特有のものでなくなれば、労働の場で女性だけに義務付けることもなくなるだろう。

「なんか海外も日本も差別の運動やってるけど、怒ってても何も解決しないと思うし前の方がみんな明るく楽しそうだった気がするなー！」。気がするなーっていう想像で語られてもなー。私は、差別に怒れるようになってからのほうが確実に楽しい毎日を送っている。勝手に人が楽しいか楽しくないかを判断しないでほしい。怒ってても何も解決しないというなんの根拠もないことを言っているが、怒りを表明して権利を獲得した歴史なんてそこらじゅうにたくさんある。それに「前の方が」というが、今より前のほうが差別運動は盛んだったのでは？　ウーマンリブの頃とか、そもそも「前」っていつのことを指してるんだよ。今より前は全部前だぞ。

そもそも、を考えてほしい。最初から女性も男性と同じ靴を履いていい、ヒールじゃなくてもいいという、「すべての人に寛容な社会」だったなら、こんな運動はしなくて済んでいるのだ。最初に不寛容な社会側を無視して、なぜこちらにだけ「寛容になりなさい」なんて言えるのだろう。

怒っている人を見て反射的に「もっと寛容になろうよ」と声をかけてしまう行為は、その背景にある不寛容の始まりを見過ごして、なかったことにしてしまう。かといって、こういう人は声をあげなければ気がつきもしないわけだ。明るくニコニコ楽しそうにしてたって、そこにある不寛容に気がついてくれる人は全然いない。#KuToo の運動を始めた時に多くの男性に言われた「そんな規則があること、知らなかったー！」「女性はみんな平気で履いていると思ってたー！」という言葉を思い出す。

これまで痛くないふりをして、平気なふりをして、自分の感覚まで麻痺させて、明るく楽しそうにやってきた結果がこれだ。

誰かに「寛容になりなよ」と言いたくなってしまったら、一呼吸おいて考えてみたい。その人の背景にどんな不寛容が隠れているのか、その不寛容にどれだけの人の権利が奪われてきたのか。みんながそんなことを考えられるようになったら、そもそも一見不寛容に思える怒りの運動だって、必要がなくなるかもしれない。

男性社会に都合のよい幻想からは脱出しよう！

男女雇用機会均等法が制定されたのは一九八五年、私が生まれる少し前だ。表面上は平等なのかもしれない。職場には男女共にいるし、トランスジェンダーの人もいるかもしれない（いないと思っていても普通にいることもある）。しかし、日本のジェンダーギャップ指数は二〇二一年の時点で一五六か国のなかで一二〇位とかなり低く、世界からも「日本は女性差別が残る国だ」とされている。それはなぜだろう？

私の場合、制服を指定されるアルバイト先が多かった。スカートやキュロットで足を出さなくてはならない。パンプスのルールもある。

パチンコ屋もホテルも葬儀の仕事も、制服だった。さらに「メイク必須」だった。パチンコ屋のアルバイトの時は、友達がすっぴんで出勤したら帰されたこともあった。理由は

「失礼だから」。人の顔に対して失礼と言っちゃうほうが失礼なんじゃないのか？　男性はそのままの顔でいても許されるのに、なぜ女性は自分の顔にさらに化粧品を塗らなければ失礼とみなされるのだろう。私たちはそのままの顔で生きることすら許されないのか。今ならそこまで考えられるけれど、当時は均等法の存在も、当然女性差別の視点も持っておらず、何も言えなかった。ただ、モヤモヤした気持ちだったことだけは明確に覚えている。

制服に限らない。電話に出る際に「女の子のほうがやっぱ相手もいい印象持つんだよね」と言われたり、「受付は女性」と暗黙のルールがあったり、明らかに女性であることを前面に打ち出して客寄せをさせられそうになったり……。というようなことが、特別女性の性的な魅力を売りにするような仕事でなくたって求められることが本当に多い。

ちなみに、「女性だから」という理由で受付に配置することは男女雇用機会均等法で禁止されている。にもかかわらず、日本企業の受付が女性ばかりなのはなぜなんだろう。

私自身は結婚していないので自分事としてではないのだが、友人が結婚し、特に子どもが生まれると共働きであっても妻のほうが家事や育児を多く負担しているところを本当によく見かける。結婚で仕事をやめるなど制限がかかるのは女性側だ。夫が妻に仕事を禁じることだってある。ちなみに配偶者の労働を制限するような言動は社会的ＤＶにあたることもある。

「自分ほど稼げないから」と反論する男性がいる。しかしそもそも、なぜ女性が稼げないかと言えば職場でセクハラに遭ったり、労働の場で「きちんと」以上の美しさを求められ、化粧を強制され、脚を美しく見せるためにヒールを履かされ、入試で差別され、「女の子なんだから大学行かなくてもいいよね」と勝手に判断され、「男より稼ぐと愛されないぞ」と脅され、勤続年数が出世の大きなカギとなるこの社会で「仕事をやめろ」と夫や夫の親に言われキャリアを断ち切られたり、働き続けられても強制的に育児は自分に負担されるので残業できなかったり、様々な要因があってのことなのだ。

本当に男性と同じ環境で子どもの頃から育つことができた時、女性は働きたがらないのだろうか？　女性は出世できないのだろうか？

女性の活躍を推進すると、「もっと女性が頑張るべきだ」と聞くが、本当に女性は頑張っていないのか？　今すぐ見直すべきところ、それは「本当に平等な環境でチャレンジすることができているのか？」というところなのではないか？

「結婚したんだから仕事を制限して家のことをやってね」と愛する人から言われ、それに抵抗して罪悪感を抱えながら仕事に取り組むのか、そんなこと一言も言われずに仕事のことを考えられるのか、仕事に向かう気持ちに差が出るのは当然だろう。

私は役者の仕事をしていた。当時、プロデューサーや監督は男性ばかりだった。そういう人たちからのデートや性的な要求をどうやってかわせばいいのか、本当に苦労した。撮影所が家のそばだと言って夜中にしつこく連絡をしてくる監督の次回作にキャスティングされていると、簡単に無理だなんて言えなかった。寝ているふりをしたり、今日は家にいないことにしたり、それが何回も続くと怪しまれるので何回かに一回くらいは仕方なく家に入れたり、そんな努力をしながら「芝居のことを考えさせてくれ！」といつも思っていた。

私は「労働」がしたかった。しかし、度重なる「女性」を求められる行為で、疲れ果ててしまった。アルバイトでお化粧やヒール、受付に配置されることも、役者の仕事で監督が家に来ようとすることも、同じようなことだと感じている。私に労働ではなく女としての役割を求められていたのだ。そんな環境でどうやってキャリアを積めばよかったのだろう。もっと労働そのもののことを考えたかった。どうやったらお客さんに喜んでもらえるかとか、どうやったら売り上げが上がるかとか、どうしたらいい芝居ができるようになっていい作品ができるのかとか、そういうことを考えたかった。

女性は女を使って仕事を取っているのではなく、通常の労働にプラスして女を使わされているのだ。女性らしさを評価する上司がいるならば、それは上司が悪いのだ。女性らしさを使わせることによって、その女性のした労働の価値まで低いものとして、まるで女性が悪いことをしているかのようにしてしまう。本当に汚いやり方だ。

働くことへのチャレンジの環境を平等にしていくために私たちができることは、自分が無意識のうちにその労働に関係のない「女性らしさ」をプラスして相手に求めてしまっていないか、常に見つめなおすことだ。女性の仕事を不当に低く見積もっていないのか、評価をする側が意識して注意すること。

私たちは不当な構造を知ったのだから、「女性は女を使って得している」という男性社会に都合のよい幻想から早いうちに抜け出してしまおう。

「髪切った?」でセクハラになるわけあるかい!

セクシャルハラスメントという言葉ができて約三〇年が経った。一九八九年の「新語流行語大賞」の新語部門金賞を受賞したそうだ(ちなみに、二〇一八年は #MeToo、二〇一九年は #KuToo がトップテン入りしている)。

「セクハラ」という言葉が一般化し、職場でのセクハラを防止するような法律も整えられてきた。とはいえ、二〇二一年になった今でも「なんでもかんでもセクハラって言われちゃう」「髪切ったかも聞いちゃダメなんでしょ?」と言う人をたくさん見かける。セクシャルハラスメント、つまり性的な嫌がらせ、ということだが、嫌がらせであり人権侵害だ、という認識がまだまだないように思える。

働く現場で、たくさんのセクハラに遭ってきた。グラビアの仕事ではセクハラという言葉では済ませられないものもあった。アルバイトをしている時だって、たくさんあった。

葬儀のアルバイトをしている時、私は、葬儀スタッフの派遣会社で働いていたので、様々な葬儀会社から依頼がきて毎回違う現場に行く、という形態で働いていた。

私の会社の派遣スタッフはほとんどが女性で、依頼が来る葬儀会社の担当さんはほとんどが男性。仕事を始める前に女性のマネージャーから、「電話番号聞かれたりとか、身体触られたりとかしたらすぐ教えてね、我慢しなくていいから」と言ってもらえた。そういう一言があるだけで、すごく安心して仕事ができるものだ。

しかし、セクハラを未然に防ぐことと報告はまた別問題だ。幸いこの仕事の最中に身体を触られるとか露骨なものはなかったけれど、それでも気持ち悪いな、とか嫌だったなと思ったことがある。

現場に入ってすぐに「結婚してるの？」と聞かれ、していませんと答えたら「よかった、結婚してるとセクハラになっちゃうから」と意味不明なことを言われた。その少しあとに制服の胸元についているほこりを取られた。私が結婚してたら自分の手でほこりを取ることはしなかったのか？

こういった、「気持ち悪いけどでも相手は本当に親切でやっているかもしれないし」というような気持ちを相手に持たせるのも、セクハラには多い。きっとその時に私が抗議していたら、「だってほこりがついてたらだめだろう」などと言われてめんどくさい扱いをされると思う。そんなことで式の進行を止めるわけにはいかない。

だいたい、初対面の人の身体、特に胸やお尻まわりなどのプライベートゾーンに近い場所はよほどのことがない限り触るべきではない。別に、「胸元にほこりがついてますよ」と言えばいいだけの話だ。

きっとこの男性はお葬式に参加される女性、つまりお客様にはそんなことはしないだろう。文句を言えなさそうな相手を選んでいる。お客様にしたら失礼だということを、従業員にならしてもいいと思っているのだ。結局その男性はその後、セクハラが原因で会社をクビになったと聞いた。

他にもまだある。寒い日に外の現場だった時、初対面の男性に「女の子はストーブの近くにいてね。子ども産む身体なんだから」と言われたこともある。不妊治療中の人だっているかもしれないし、産めないことで悩んでいる人かもしれない。私は「勝手に私が産む前提でいると決めつけてくるのはやめてくれ！」と思った。そのあとの仕事中はずっとモヤモヤすることになった。めちゃくちゃな業務妨害だ。

もちろん、こういったことが気にならない人だっているかもしれない。身体を触られても何も思わない人はいるかもしれない。でも、だからといって嫌だと思う人を無視してはいけない。人は一人一人、何に対して嫌だと思うか、嫌悪感を抱くか、傷つくか、他人にはわからないし、みんな違う。

人間関係を構築する際に、それを心によく留めておくだけでもかなり変わるのではないか。特にその関係性に上下がある時は、上に立つ人は気をつけなければいけない。下の人間が「嫌です」と言えないなんて、少し考えればわかることだ。

私の発言が相手のセクハラにあたらないよう、初対面の人と会話をする時はかなり気を使う。「天気いいですね」くらいの会話しかできない人はつまらない人間と思われているかもしれない。でも、私は人を傷つけたり嫌な思いをされるよりも、つまらないと思われるほうがましだ。相手が何で傷つき、何を嫌だと思うかがよくわからないうちは、当たり障りのない話だけでいいと思っている。

「髪切った？　っていうだけでセクハラになるんでしょ？」と言っている人たちに言いたい。そうやって嫌がられるならば、それはつまり相手と髪の毛の話をするほどの関係性ができていなかっただけの話。ミスったのは自分なのだ（まぁ、実際には髪を切ったか聞いただけでセクハラだと訴えられた人を私は聞いたことがないし、嫌だって言われたら謝って今後は何も言わなければいい）。

人に言葉をかける時は、その人の背景にどんなことがあるのか想像したい。それをめんどくさいと思うのならば、厳しいことを言うようだけど人と関わる資格はないし、上の立場に立ってはいけない。気をつけても失敗することはあるだろう。そういう時は相手の受け取り方のせいにせず、失敗したことを素直に謝りたい。それがコミュニケーションというものだと思う。

親と仲良くしなきゃいけない、なんて決まりはない

私は普通の家庭で育った。ここでいう「普通」とは、父は会社員、母は基本的に専業主

婦で、子どもは私が長女の三姉妹。年末年始は帰省して、両親が東京に遊びに来た時は会うという家族。特徴がない家族だと思っていた。

しかし、ここ数年、親とも姉妹とも距離を置いている。

昔から母の発言には違和感のあるものが多かったし、言い合いをすることもあった。だけど、ずっと私はそれを「私の考え方が間違ってるんだ」と思い込んでいた。だから「なんでお母さんみたいに考えることができないのかな」と悩んできた。悩んだところで母の考え方に合わせるわけじゃないので、母の思いとは異なる行動をとりながら自分を責めてきた。そんなよくわからない、かなりちぐはぐな心情で過ごしてきた。

気が合わないこともたくさんあったが印象に残っていることがある。私がグラビアの仕事を始めると友人に告げた時、否定された挙げ句「お母さんに悪いと思わないの?」と責められたのだ。

そのことを母に伝えたところ、「なんでゆみちゃんの友達がお母さんの気持ちを勝手に決めるのかわからない」と言われた。今考えるとごもっともなのだが、友達にすごく責められたあとだったのでとても心に入ってきたし、嬉しかった。

母は、「娘がグラビアの仕事をする、ということを進んで喜びはしないけど、本人がやるというなら反対する権利はない、なぜなら自分は他人だから」と言ってくれた。その後仕事を始めてから、舞台を観に来てくれて、中身は観ないけど映画やイメージＤＶＤや、私が載った雑誌などをほぼ全部購入してくれていた。

30歳くらいになるまで、私は母と同じになろうとしたし、同じになれない自分を心の底でずっと責めていた。

しかし、フェミニズムに出会って、母との考え方の違いが大きく出てきた。年代のこともあるだろうし、育ってきた環境もかなり違うので、当然と言ったら当然だろう。フェミニズムの活動を始めてから、女性軽視的な発言をする人や、セクハラや性暴力にあった被害者を責めるような人とは完全に距離をとるようにした。フェミニストをばかにしたり、理解しようとしない人ともそうだ。無理に関わる必要はないと思ったし、お互いのためでもないと思った。個人で話し合うよりも社会が変わったほうが早いと思ったからだ。

それを母にも実行した。実家にも帰らなくなったし、誕生日などにＬＩＮＥをするくらいの距離感になっている。何かあるたびに母に相談や報告をしていた私は、母離れができていなかったのだと思う。フェミニズムを学んで、自分を大切にすることがいかに大事なことか知った。「個」というものを尊重すること、すべての人は違う人間で、誰も同じ人はいないということ、私は私で価値があるということを知って、私は母に合わせる必要も、母も私に合わせる必要もなかったのだと気がついた。

「家族とは仲良くするべきだ」「お母さんは会いたがってると思うよ」、時には高校時代の友達のように「親に申し訳ないと思わないのか」と言ってくる人はいる。だけど、「家族だから」という理由で、無理に仲良くする必要もない。

母が昔私に言った通り、母と私は他人だからだ。これはお互いに冷たいのではなく、お互いを尊重しているということだ。考え方が合わないのは、仕方がないことなのだ。お互いに相手を変える権利はないだろう。

なんでそんなに母と同じにならなければいけないと思っていたかというと、単純に素直ないい子だったのだと思う。年上の人の言うことは聞くべきだ、ずっとそう思って生きてきた。でも、本当の自分はそれとは違う行動を選んでしまう。そんな自分の言動を常に責めなければいけない状態は、とてもしんどいものだった。

今は母と違う自分を責めることもなくなったので、それだけでとても気が楽だ。自分の思うこと、考えること、したいこと、実際の行動。それらを自分が肯定することができるのだ。一番自分に近い自分がそれをしてあげなくて、誰がしてくれるというのだろう。

距離を置いたからといって母が嫌いなのではない。母のことは尊敬している。今でも好きだ。でも別に、嫌いになってもそれはそれで別にいいとも思う。

今距離を置いているが、これが一生続くかもしれないし、そうはならないかもしれない。血がつながっている親子だって他人だ。

「個人的なことは政治的なこと」を実感するTwitter

Twitterは、現代を代表するSNSだ。一四〇字という短さで、気軽につぶやける点から私はTwitterを積極的に使っている。Twitterは、現代における女性運動にかなり貢献したと思う。それは時に国境も越えて、大きなうねりとなった。

一番大きかったのは、やっぱり「#MeToo」だろう。ハリウッドの俳優、アリッサ・ミラノのツイートは#MeTooを広める大きな役割を果たしたし、日本でも性暴力に対する認識が進むきっかけのひとつにもなったと思う。

二〇一七年の末に、グラビアアイドル時代に受けた性暴力について告白する記事を書いた。Twitterで#MeTooに関する記事を見かけたことがきっかけだ。

他の人が受けたパワハラやセクハラの記事を読み、「え、これってセクハラなんだ……。私もおんなじようなことあったな」と気がついた。

#KuTooの運動だって、きっかけは私のたった一つの愚痴ツイートだ。連日続く葬儀のアルバイト。パンプスで働いていた私の足の小指の爪から血が出ていた。思わずつぶやいたツイートが、思いもよらず拡散された。そしてツイートのなかで「運動にしませんか?」「#KuTooなんてハッシュタグはどうですか?」「署名するとか?」などというやりとりを経て、世界にも知られる運動となった。これらを振り返っても、やっぱりTwitterはかなり重要なツールだと思う。

けれども、Twitterは誹謗中傷も多い。私も何件か匿名の情報開示請求中だが、デマを流され、ストーカーのようにつきまとわれることが本当に多い。Instagramや基本実名のFacebookなどとは別次元のレベルの量の誹謗中傷がくる。大人数の人たちが私のツイートを勝手におもちゃにしてばかにし、侮辱しているのを毎日のように目にする時期もあった。わざわざ見ようとしなくても、ご丁寧にDMで送ってくる人もいる。ある時期は私のことを詐欺師だと言いまわる人もいて、検索で「石川優実」と入れると「詐欺師」と続いて出るようになったこともあった。

そういうことが続き、外に出て人と関わるのが怖くなった時期もあった。私のことを詐欺師だというツイートが何千ものリツイートされているものを見ると、世の中の人がみんな私のことを詐欺師だと思っているような気になってしまう。私はかなり精神を病んだ。

しかし、ここで私が納得がいかないのは、「Twitterから離れたほうがいい」という人たちだ。デマを流したり誹謗中傷をする側ではなく、私にTwitterを諦めろというのだ。

一〇年前のグラビアの仕事をしている時から、私は仕事としてTwitterを使ってきた。#KuTooが始まって、Twitterでたくさんの交流があったし、二〇一九年のBBC 100 Womenのノミネートの連絡だってTwitterのDMを通じてだった。（英語のDMだったのでしばらくノミネートされたことに気がつかず、返信したのは期限の二日前だった。危ない！）

そんな私からTwitterを奪うなんて、仕事を奪うことと同然だと私は感じる。

それに、Twitterで誹謗中傷を繰り返してくる人は、私にTwitterをやめさせることが目的なのでは？　とも感じる。私を黙らせること、さらに言えばフェミニストを黙らせることが目的なのではないのだろうか。

Twitterからフェミニストがいなくなれば、多くの女性運動は激減する。ハッシュタグで連帯することもできなくなる。Instagramにはリツイート機能がない。どこにシスターたちがいるか、見つけづらいのだ。女性たちが連帯することを、意識的にか無意識的にか、恐れているのではないだろうか。連帯した女性たちはとってもパワフルだから。

私は、Twitterでたくさんのフェミニストの人たちと繋がった。それは日本国内だけに留まらない。「Twitterばかりやってないで本とか読んで勉強しなよ」と余計なアドバイスをもらったこともある。だけど、私はTwitterにいるリアルな女性たちの日常的な愚痴こそが、フェミニズムの大きな根幹だと思っている（というか、Twitterをやりながら本だって読んでるわ）。

研究者である先輩たちのフェミニズムももちろん大切。だけど、それを日常生活に落とし込むことも私は必要だと思っている。職場で起きたセクハラ、それを相談したら「スルーするのが大人だよ」と言われた、夫が子どもを見ているあいだに美容院に行ったら「優しい旦那さんですね」と言われた、「仕事をするのに許可がいる、もちろん私は夫に許可なんて求められていない」。そういった日々の、一見小さなモヤモヤたちがたくさん可視化され、「私も」という声があがる。

「個人的なことは政治的なこと」というフェミニズムの有名なスローガンがある。Twitterでは、それを体現することができる。そんな私たちが連帯できてパワフルになれる場所を、私は失うわけにはいかないのだ。

おわりに　〜もう空気なんて読まない〜

私は今、毎日闘っている。何と闘っているか？　自分とだ。常に、「ずっと空気を読んで生きてきた自分」VS「もう空気なんて読みたくない自分」の闘いが私の中で繰り広げられている。前者が勝つこともあれば、後者が勝つこともある。私が幸せを感じるのは後者が勝った時なので、やっぱり私はもう空気なんて読みたくないのだろう。

30歳になる前に、私は私とじっくりじっくり向き合った。仕事も半年ほどやめて実家に帰り、ひたすら私は私のことを考える時間を確保した。自分の気持ちを認識するのは、とても労力のいることだった。これまで散々無視してきたのだからそれも仕方ない。こんなにも私は様々な思いを生み出して生きてきていたのに、まったく見ないふりをしていたのだ。自分に対してとても冷たいことをしていたものだ、と思う。

このエッセイのお話をいただいて、再び自分と向き合うことになった。昔と違って常に自分の心には敏感になっているつもりだが、それでも見落としてしまっていた大切な気持ちもたくさんあった。過去を振り返り書きながら生まれてくる感情もたくさんあった。この作業は私にとって、究極のセルフケアになった。

私はこのエッセイを「いかに自分のために書いてあげるか」を大切にした。このエッセイを書いて、それによって私が救われたい。私が解放されたい。そんな先の未来を夢見て取り組んだ。だから、これはすべて、過去の私、今の私、未来の私のために書いたものだ。私は、私が自分のためにしたことが同時に誰かのためにもなると信じている。ここで自分よりも「誰か」が優先されてしまったら、それは本当にその「誰か」のためになるのだろうか。誰かのためにはなったとしても、私のためにはならないではないか。私も誰かも、同じだけ幸せになってほしい。私が私でいる姿を見せることで、皆さんにも「自分らしくいよう」と思ってもらえたらとてもうれしい。それが「私のために」にこだわって私が行動する大きな理由だ。

私は、#MeToo も #KuToo も、フェミニズムを発信することも全部自分のためにやっている。運動が楽しいからでもあるし、自分がそれをやるべきだと思うからやっている。社会のためとか、誰かを救うためとか、そんな大それたものではない。それがたまたま社会のためや誰かのためになったらラッキーだし、ならなくても私がハッピーなので別に問題ない。

自分のために、自分を大切に、自分勝手に生きることとは、闘いだ。挑戦した人はきっとわかると思うが、めちゃくちゃ難しいのだ。ずっと空気を読んできた自分が自分を責め続ける。「本当にそれでいいと思ってんのか！」と。「そんなことしてたらみんなに嫌われるぞ！」と。「そんなことしてたらひとりぼっちになるぞ！」と。

それを振り払って、自分が自分らしくいることはすごく勇気がいる。

この本を書いている時も、何回も自分のなかの自分が私に対して言ってきた。「なんでわざわざ男と比べることばっか書くの？　そこで男出す必要ないじゃん」と。「男叩きがしたいだけと思われるんじゃないか」「攻撃的だと言われるんじゃないか」「こんな態度だから誰もお前を支持しないんだ」という声が響いてきて、常に怖い。私はいつも心の奥で震えている。こんな乱暴な言葉を使ったら嫌われてしまうだろう、と、怖い。でも、本当の私は男女の「差」の話をしたいのだ。そこに徹底的に着目して発信をしたい。これまで男性との差の話を出すことに躊躇して問題点から目をそらし続けてきたことも否定できない。男性の顔色をうかがったなかでの指摘しかしてこなかった歴史もあった。その結果今の日本のこの状態だということを伝えたい。

だから勇気を出す。そんな自分を責めたり、時に「女性が男性と違う扱われ方をされていることに気がつきました」と言われて、これでよかったんだと思ったり。日々少しずつ前進している。

この本のなかで私は、自分の身の回りに起こったこと、日常生活とフェミニズムについて書いてきた。フェミニズムは私を救う大きな手掛かりになった。しかし、それがフェミニズムかフェミニズムでないかは、ぶっちゃけどっちでもいい。大切なのは、私が望んだこととフェミニズムが合致したことであって、私がフェミニズムに合わせたのではないし、これからも合わせることはない。あなたにとってのフェミニズムはどうだろう？　違うなら違うで問題ない。もちろん、あなたがフェミニズムに合わせる必要はない。

私のフェミニズムも、私の性差別解消の運動も、私という人間も、まだまだ道半ばだ。今も完全に空気を読まないでなんていられないし、自分を抑圧してしまうこともたくさんある。性差別に怒れない時だってある。歳をとっていく自分を好きになれなかったり、体重計に乗って一日を暗い気分で過ごす日もある。エッセイを書いている最中なんてレズビアンの人たちへの差別を助長するような発言をしてしまった。そんな失敗もある。

そんな毎日の繰り返しだけど、自分が自分のために頑張り続けることに意味があると思っている。私は私を見捨ててはいけないのだ。私を救ってあげる責任が、私にある。そして、自分のために頑張れる私でいられて、私はとても幸せだ。幸せって、どこかとても遠いところにあるような大きなものだと思っていたけど、案外そうではないかもしれない。空気を読まないぞ！　と心に決めた私が、私は大好きだ。ポジティブな自分もネガティブな自分も、どんな自分であっても自分のことを受け入れることは、私の幸せの条件だ。

自分勝手に、空気を読まずに書いたこのエッセイ。この本を手に取ってくれたみなさんが、こんなふうに自分勝手に自分のことを一番に考えて生きてくれたら嬉しく思う。空気を読んで「みんなの幸せのために」「波風立てずに過ごせるように」をやる前に、自分が自分の望んだことを一番に叶えてあげてほしい。それが私の幸せでもある。やっぱりみんなが不幸であるより、みんなが幸せなほうが私は幸せだからだ。

編集の田中大介さん、私にあらためて自分のことを見つめなおす機会を与えてくださって、ありがとうございました。タイトルの提案をもらった時、「なんで一生懸命空気を読まなきゃいけないと思って生きてきた頃のことがバレてるんだろう」と思いました。学問や運動だけではない、私の恋愛や身近な場所のフェミニズムについて書きたいと思っていたので、とても嬉しかったです。本当に好き勝手に書きました。

いつも一緒に闘ってくれているシスターのみなさん。一緒に怒ってくれるみなさん。本当にありがとう。私が私でいられるのは、みなさんのおかげです。これからもお互いに応援し合って支え合って、この社会にビシバシ怒っていきましょう。

私に空気を読まないで生きる権利があるのならば、世界中の誰にだってその権利がある。もちろんあなたもその一人だ。なぜなら世界は平等であるはずだからだ。

周りに合わせて空気を読んで生きていくのか、自分の気持ちを一番に優先し空気を読まないで生きていくのか、どちらも大事にしたいのか。それを決めるのは他でもないあなただ。決定権はあなたにしかない。これから先の人生を自分のために生きてほしい。

性別に関係なく、すべての人に同じだけの選択肢があること。そして、自分の人生を自分が選択すること。それが、私の考えるフェミニズム。

石川優実

二〇二一年十月

参考文献

『愛という名の支配』(田嶋陽子/太郎次郎社/1992年〈新潮文庫/2019年〉)
『男も女もみんなフェミニストでなきゃ』(チママンダ・ンゴズィ・アディーチェ著/くぼたのぞみ訳/河出書房新社/2017年)
『性暴力の理解と治療教育』(藤岡淳子/誠信書房/2006年)
『説教したがる男たち』(レベッカ・ソルニット著/ハーン小路恭子訳/左右社/2018年)
『日本のフェミニズム since1886性の戦い編』(北原みのり責任編集/河出書房新社/2017年)
『人形の家』(ヘンリック・イプセン著/毛利三彌訳/論創社/2020年)
『ひとりひとりの「性」を大切にする社会へ』(遠藤まめた/新日本出版社/2020年)
『ひれふせ、女たち ミソジニーの論理』(ケイト・マン著/小川芳範訳/慶應義塾大学出版会/2019年)
『私たちにはことばが必要だ フェミニストは黙らない』(イ・ミンギョン著/すんみ、小山内園子訳/タバブックス/2018年)

JASRAC 出 2108094-101

著者略歴

石川優実（いしかわ・ゆみ）

1987年生まれ。俳優、フェミニスト、アクティビスト。高校時代にスカウトされ、芸能活動を開始。2014年、映画『女の穴』で初主演。2017年、グラビア活動で受けた性被害を告発し、#MeToo運動を展開。2019年1月に、職場でヒールやパンプスを義務付ける行為は女性差別にあたるとして発信したツイートが#KuToo運動として広がり、厚生労働省へ署名を提出する。運動は注目を集め、「ユーキャン新語・流行語大賞」（現代用語の基礎知識選）で「#KuToo」がトップ10入りした。また、同年の英国BBCの世界の人々に影響を与えた「100 Women」に選ばれる。著書に『#KuToo　靴から考える本気のフェミニズム』（現代書館）、責任編集を務めた『エトセトラVOL・4　特集　女性運動とバックラッシュ』（エトセトラブックス）がある。

もう空気《くうき》なんて読《よ》まない

2021年11月20日　初版印刷
2021年11月30日　初版発行

著　者　石川優実

発行者　小野寺優
発行所　株式会社河出書房新社
〒151-0051
東京都渋谷区千駄ヶ谷2-32-2
電話　03-3404-1201（営業）03-3404-8611（編集）
https://www.kawade.co.jp/

装　幀　bookwall
組　版　KAWADE DTP WORKS
印　刷　株式会社暁印刷
製　本　株式会社暁印刷

Printed in Japan　ISBN978-4-309-03012-8